·大家读马克思·

写给恩格斯的信

【德】卡尔·马克思 等 著
本书编译组 编

中央编译出版社

图书在版编目（CIP）数据

写给恩格斯的信／（德）卡尔·马克思等著；本书编译组编. —北京：中央编译出版社，2024.4
ISBN 978-7-5117-4335-0

Ⅰ.①写… Ⅱ.①卡…②本… Ⅲ.①国际共产主义运动-史料 Ⅳ.①D11

中国版本图书馆 CIP 数据核字（2022）第 258368 号

写给恩格斯的信

选题策划	张远航
责任编辑	郑永杰　宋　妍
责任印制	李　颖
出版发行	中央编译出版社
网　　址	www.cctpcm.com
地　　址	北京市海淀区北四环西路69号（100080）
电　　话	（010）55627391（总编室）　（010）55627319（编辑室） （010）55627320（发行部）　（010）55627377（新技术部）
经　　销	全国新华书店
印　　刷	北京印刷集团有限责任公司
开　　本	880毫米×1230毫米　1/32
字　　数	91千字
印　　张	4.375
版　　次	2024年4月第1版
印　　次	2024年4月第1次印刷
定　　价	48.00元

新浪微博：@中央编译出版社　微　信：中央编译出版社（ID: cctphome）
淘宝店铺：中央编译出版社直销店（http://shop108367160.taobao.com）
　　　　　（010）55627331

本社常年法律顾问：北京市吴栾赵阎律师事务所律师　闫军　梁勤
凡有印装质量问题，本社负责调换，电话：（010）55627320

目 录

威廉·魏特林（伦敦）给卡尔·马克思、弗里德里希·恩格斯和莫泽斯·赫斯（布鲁塞尔）的信（1845年9月22—27日） ………………………………………………………… 1

乔治·朱利安·哈尼（伦敦）给弗里德里希·恩格斯（布鲁塞尔）的信（1846年3月30日）……………… 4

亨利希·楚劳夫（埃尔伯费尔德）给弗里德里希·恩格斯（布鲁塞尔）的信（1846年6月28日）………… 10

斐迪南·弗莱里格拉特（科隆）给卡尔·马克思、弗里德里希·恩格斯和康拉德·施拉姆（伦敦）的信（1850年1月26日）……………………………………………………… 14

恩斯特·德朗克（美因河畔法兰克福）给弗里德里希·恩格斯（伦敦）的信（1850年5月7日前后）……… 17

威廉·沃尔弗（苏黎世）给弗里德里希·恩格斯（伦敦）的信（1850年5月9日）……………………………… 22

威廉·沃尔弗（苏黎世）给弗里德里希·恩格斯（伦敦）的信（1850年5月14日）……………………………… 26

威廉·沃尔弗（苏黎世）给弗里德里希·恩格斯（伦敦）的信（1850年5月28日）……29

恩斯特·德朗克（日内瓦）给弗里德里希·恩格斯（伦敦）的信（1850年7月底或8月初）……34

恩斯特·德朗克（日内瓦）给弗里德里希·恩格斯（伦敦）的信（1850年9月29日）……38

艾曼纽埃尔·巴泰勒米、亚当、茹尔·维迪尔（伦敦）给卡尔·马克思和弗里德里希·恩格斯（伦敦）的信（1850年10月7日）……41

威廉·沃尔弗（苏黎世）给弗里德里希·恩格斯（伦敦）的信（1850年10月23日）……42

朱利安·哈尼（伦敦）给弗里德里希·恩格斯（曼彻斯特）的信（1851年1月25日）……45

威廉·皮佩尔（伦敦）给弗里德里希·恩格斯（曼彻斯特）的信（1851年2月26日）……47

康拉德·施拉姆（伦敦）给弗里德里希·恩格斯（曼彻斯特）的信（1851年2月26日）……52

卡尔·马克思（伦敦）给弗里德里希·恩格斯（曼彻斯特）的信（1851年2月26日）……55

威廉·皮佩尔（伦敦）给弗里德里希·恩格斯（曼彻斯特）的信（1851年5月4日）……60

卡尔·马克思（伦敦）给弗里德里希·恩格斯（曼彻斯特）的信（1851年5月5日）……62

约瑟夫·魏德迈（威廉斯堡）给弗里德里希·恩格斯（曼彻斯特）的信（1851年12月1日）……………… 64

威廉·皮佩尔（伦敦）给弗里德里希·恩格斯（曼彻斯特）的信（1852年1月14日）……………… 66

厄内斯特·琼斯（伦敦）给弗里德里希·恩格斯（曼彻斯特）的信（1852年1月16日）……………… 67

威廉·皮佩尔（伦敦）给弗里德里希·恩格斯（曼彻斯特）的信（1852年2月6日）……………… 70

约瑟夫·魏德迈（威廉斯堡）给弗里德里希·恩格斯（曼彻斯特）的信（1852年2月9日）……………… 71

约瑟夫·魏德迈（布鲁克林）给弗里德里希·恩格斯（曼斯彻特）的信（1852年6月17日）……………… 72

恩斯特·德朗克（伦敦）给弗里德里希·恩格斯（曼彻斯特）的信（1852年10月27日）……………… 73

约瑟夫·魏德迈（纽约）给弗里德里希·恩格斯（曼彻斯特）的信（1853年1月12日）……………… 79

威廉·李卜克内西（伦敦）给弗里德里希·恩格斯（曼彻斯特）的信（1853年1月19日）……………… 80

约瑟夫·魏德迈（纽约）给弗里德里希·恩格斯（曼彻斯特）的信（1853年5月2—6日）……………… 82

弗·莫拉致弗·恩格斯 ……………… 85

弗·莫拉致弗·恩格斯 ……………… 87

威·李卜克内西致弗·恩格斯（节选）……………… 88

约·黑尔斯致弗·恩格斯 …………………………… 89
威·李卜克内西致弗·恩格斯 …………………………… 90
威·李卜克内西致弗·恩格斯（节选）………………… 93
弗·莫拉致弗·恩格斯 …………………………………… 94
威·李卜克内西致弗·恩格斯 …………………………… 95
彼·拉甫罗夫致弗·恩格斯（节选）…………………… 97
卡·帕拉迪诺致弗·恩格斯 …………………………… 98
卡·卡菲埃罗致弗·恩格斯 …………………………… 100
卡·卡菲埃罗致弗·恩格斯 …………………………… 103
弗·莫拉致弗·恩格斯 …………………………………… 111
威·李卜克内西致弗·恩格斯（节选）………………… 113
保·拉法格致弗·恩格斯 ……………………………… 115
威·李卜克内西致弗·恩格斯 …………………………… 117
保·拉法格致弗·恩格斯（节选）……………………… 119
威·李卜克内西致弗·恩格斯（节选）………………… 122
保·拉法格致弗·恩格斯（节选）……………………… 124
威·李卜克内西致弗·恩格斯（节选）………………… 127
约·菲·贝克尔致弗·恩格斯（节选）………………… 129
阿·赫鲁纳致卡·马克思和弗·恩格斯 ……………… 132

威廉·魏特林（伦敦）给卡尔·马克思、弗里德里希·恩格斯和莫泽斯·赫斯（布鲁塞尔）的信

1845年9月22—27日

1845年①9月22日于伦敦

亲爱的伙计：

你们的来信对我来说各方面都很有意义。维尔特突然走了。②今天我到旅馆去看他，听说他前天就起程离开了。本来我想问问他，如果到布鲁塞尔作一次纯粹拜访性的旅行是否同样非得要护照不可，我到布鲁塞尔来，并非为了（虽然我很希望，并且确实想）向人渲染我的狱中生活③，而是想看看你们。我非常想见见你们的夫人，在你们那里喝几杯啤酒，品尝一番你们的饭菜，聆听你们的心声，抽抽你们的雪茄，其他的就更不用说了。

《社会明镜》在这里很受欢迎。协会④也订阅了，我也已

---

① **原件上是"1844年"。**
② 马克思的信是由格奥尔格·维尔特从布鲁塞尔带往伦敦的。
③ 魏特林出狱后就根据记忆记下了他的狱中生活，并试图寻找出版商为他出版，但未能如愿，直到后来才得以出版威·魏特林《正义。500天的研究》（恩·巴尼科尔编）1929年基尔版。
④ 工人教育协会。

写了这方面的报道，但是我犯了一个错误，因为我发现，应该捆好了再邮寄，我没有想到不盖邮戳。而我从瑞士和法国收到的未盖邮戳的邮件相当便宜，从瑞士寄来的德文印刷品每个印张为2德尼，法文印刷品为半个德尼。这是很不一定的，平时根本无法估计到。总之，除了协会外，下面的人也要求订阅《社会明镜》：

莫尔，索霍广场大礼拜堂街20号；

鲍威尔，索霍广场第恩街64号；

洪特，圣詹姆斯广场公爵街17号。

现在我不知道，这些订户和未来的订户是否能顺利地收到捆扎好的德国杂志。如果你们考虑通过书商更合适，那么你们就使用或让人使用下面的地址：西蒂区弗利特街福辛书店老板纳特。但是，你们要把邮包寄给他，就只能通过书店的代理人，即巴黎的布罗克豪斯和阿芬那留斯，或者汉堡的布拉库施公司。

由于护照不太好办，下次你干脆来信谈谈你们对《社会明镜》的稿酬有什么看法。

沙佩尔问你们大家好。我相信，他的境况不太妙，痔疮还没有治好，听说还要割第五次，已经割过的地方至今还不断出现新的瘘管，而且很严重，这样下去势必要影响他的体力。

维尔特来看我时，哈尼正好也在我家。第二天我们在我的餐厅举行了晚宴，我炒了一盘鸡蛋，做了一盘沙拉，大家喝着啤酒，抽着烟，非常开心。莫尔也在场。

几天以后，星期六。

上个星期一我们参加了一次大会。大家都认为这次大会比预期的好。你们将在《北极星报》上看见哈尼的演说，我很喜欢这个演说，就像喜欢他这个人一样。看来他是一个政治上非常激进的机灵鬼，这家伙完全有能力带领一批人。

关于维尔特，我没有什么可说的了，只有一点，这位大烟枪给我留言说，他突然离开是由于资金短缺。我很愿意结识这位新人。

祝你们安好。

魏特林

手稿
莫斯科苏共中央马列主义研究院
中央党务档案馆，f. 1，op. 5，Nr. 71

乔治·朱利安·哈尼（伦敦）给弗里德里希·恩格斯（布鲁塞尔）的信

1846 年 3 月 30 日

1846 年 3 月 30 日于伦敦

致恩格斯①

亲爱的恩：

已欠你两三封信②没有回复，我担心我的沉默会使你很生气，尤其是因为至今尚未回复那封非常重要的来信。下面我准备着重谈谈这封信。我一直都很忙，而波兰起义又给我添了好多事情。我日夜不停地干着发动群众的工作，取得了一些成就。伦敦大会终于开完了，我这才喘了一口气，马上就提笔给你写信。

先谈谈几星期前**维尔特**转来的那封没有注明日期的长信。听到你们打算出版**季刊**，我很高兴。不知是否已经如愿以偿了。[……]

我对你关于英国很快就会发生革命的推测有些怀疑。我认为，在德国，革命变革肯定会发生，而且有可能迅速到来。在

---

① 写给恩格斯的这封信是附在哈尼给日果的信中的，地址是：比利时布鲁塞尔博登布罗克街 8 号。

② 这些信没有保存下来。

法国，这种变革同样肯定会发生，而且很可能在路易-菲力浦这个老流氓死后很快就接着发生。然而，我实在看不出英国有发生这种变革的可能，至少是在英国不仅受到内部的而且受到**外部**的推动之前。你关于我们将在年内实行宪章①以及三年之内废除私有制的预言肯定不会实现。后一点尽管有可能实现，而且我也希望它会实现，但我确实相信，无论是你还是我都看不到这一天了。至于奥康瑙尔近来就"物质力量"②问题所谈的一切，我认为是没有什么价值的。英国人民不会接受库珀的和平与不抵抗的奴隶见解，但他们也不会按照相反的主张去**行动**。他们可以在公开集会上为这种主张鼓掌，但仅此而已。尽管在1839年人们曾经大谈"武装起来"，可是人民并没有武装起来，今后也不会武装起来。③［……］

现在，我来谈谈你3月5日的来信。这封信已经不在了，它已经按照你的旨意**离开人世了**。我觉得没有必要对你3月5日来信中谈的全部问题一一加以评述。我无法判断你们那个计划的策略性和现实性。对此，你和你的同胞应当是最好的判断者。就我本人来说，我不仅相信你的热情，而且相信你的判断能力，我愿意在我微薄的能力和时间允许的情况下，按照你的要求来帮助你。你该记得我关于自己的欠缺之处所谈的

---

① 指实现宪章中提出的要求——普选权。
② 奥康瑙尔当时认为，要实现宪章，不仅要使用和平的议会的手段，而且要采用一切斗争手段，其中包括武装起义。
③ 1839年爆发了广泛捍卫宪章的运动，许多地方同时进行了武装起义的尝试，但是，威尔士矿工首先爆发的起义遭到了镇压。

那些话吧。① 所以说，我虽能在某些方面为这个事业效劳，却没有能力在另外一些方面为它效劳。在我正式开始做你希望我做的事情之前，有一点我必须搞清楚，这就是，你们的计划是否得到了德国运动中那些深受信任、忠贞不渝、勇于献身的人②的支持。我必须告诉你，我已在几星期之前参加了德意志协会③（最近有一些英国人陆续加入了这个协会，因此协会的人数每星期都有所增加）。如果你们的计划没有告知这个协会或者至少是它的一两个最可靠的成员的话，我就要考虑一下是否参加你们的活动。因为，你们的计划一旦传开，我就会遭到误解，很可能被看做是反对人民利益的阴谋分子。我非常信任沙佩尔，如果你们不同他商量，我就不明白我怎么能参加你们的活动。你能肯定你们的计划在伦敦还无人知道吗？我是按你的要求行事的，除我之外谁也不知道你3月5日来信的内容。然而，在接到你这封信的前两三个星期，我就听说你们（在布鲁塞尔的著作家）**成立了一个协会，参加者只限于你们自己，不吸收工人**。④ 如果这个协会就是你在信中所说的协会，那么你瞧，已经有人知道它了，它已经在正直的人们中产生了不好的影响。如果这个"协会"不是你们计划中的，而是别的什么组织，那么，不管它是什么组织，它已经在这里产生了

---

① 在这里，哈尼试图反驳恩格斯对他的夸奖，因此，他没有把自己看做工人运动的领袖。

② 指在伦敦的正义者同盟的领导人。

③ 看来，哈尼不仅参加了伦敦工人共产主义教育协会，而且参加了正义者同盟。

④ 这种错误说法显然出自魏特林。

不好的影响。你要想使这里的德国人接受你3月5日来信中的那些观点，首先必须努力消除这些影响。至于**魏特林**，他在伦敦协会中可能有些朋友，但肯定不是多数。**沙佩尔**是领导人，而且确实是这样。他拒绝当"领袖"。然而，上天把某些人塑造成领袖，并且已经赋予他们各种必要的条件。

星期六我收到了维尔特转来的你的一封长信，或者说得更确切些，是两封信。给《北极星报》的那封信①我很欣赏，本星期将刊出。我把它的日期2月20日改为3月20日，这样它就不会显得太过时了。同那封公开信一起寄来的给我个人的信使我很感兴趣。有关法国的那些事实非常重要，我准备把你画线之前的那一部分在《北极星报》上加以利用，但可能不是在这个星期。如果我在一篇社论中用了这些事实，请不要感到诧异。你关于英国和法国的中等阶级的见解，我完全同意。你关于"可爱的英格兰"的见解都很正确。你说："我正巧来得及附上几项决议，我们认为应该通过这些决议反对库珀。"可是，在你的信中并没有什么决议。

略谈几句英国的情况。反谷物法运动已近尾声。无论皮尔能否在上院使他的议案获得通过②，谷物法注定要被取消，彻

---

① 恩格斯的通讯《给〈北极星报〉的第三封信》刊登于1846年4月4日《北极星报》第438号（《马克思恩格斯全集》德文版第2卷第577—584页，参看《马克思恩格斯全集》中文第1版第2卷第646—653页）。

② 废除谷物法的法律草案于1846年8月获得通过。英国从1815年开始为了大土地占有者的利益，实行了谷物法，根据这个法律，英国限制或禁止粮食进口。废除谷物法是英国工业资产阶级的胜利。

底废除它的日子不远了。随之而来的将是中等阶级的全面统治,宪章运动的高涨,无产阶级和中等阶级的彻底分裂,以及那种既是政治的又是社会的冲突的开始。[……]

我已经告诉过你,德意志协会正在发展。关于这个协会的周年纪念宴会的报道受到了你的朋友们的赞赏,我很高兴。我已看过纽约出版的那份德文报纸。① 你大概已经看到,"民主派兄弟协会"正在取得进展。我相信,尽管有许多困难和障碍,我会在这方面获得成功的。我们一度受到宪章派很不公正的对待和猜忌,但这种情况正在过去。波兰事件对促进这一转变起了很大作用。看到其他党派都不准备行动,我们决定先开始行动。我们的工作刺激了宪章派执行委员会,他们害怕我们会从他们手中夺走对人民的领导权,便前来找我们。他们一来,我们立刻就说:"你们领导,我们跟着干。"我们的方针并不是要突出我们自己,而是要推行我们的原则,迫使其他人接受我们的原则。因此,这两派工作得很和谐,组织了一个联合委员会来筹备群众大会。我受委托起草决议和请愿书,我决心使两个文件都具有彻底民主主义的精神。在委员会中我完全可以按自己的意愿行事。这两个决议案已在群众大会上**一致**通过。沙佩尔受到非常热烈的欢迎,我们得到的掌声同我们思想的民主程度恰成正比。与会的几个波兰贵族因受到我的猛烈抨击悻然离开了会场,他们咬牙切齿地诅咒我是"**长裤汉**"。这个大会成绩斐然,至少有 3000 人出席了会议。在骗子们(拉

---

① 海尔曼·克利盖出版的《人民代言者报》。

维特之流）密谋召集一次**上流社会的**波兰**民族主义**大会时，我们插进去挫败了他们的阴谋。他们现在绝对不可能举行大会了。《泰晤士报》《纪事报》《晨报》《每日新闻》《地球报》和《太阳报》都报道了我们的大会。《晨报》和《太阳报》发表社论对它加以赞扬，而《泰晤士报》和《每日新闻》则对它加以谴责。你看到《泰晤士报》的那篇谴责了吗？非常重要，特别是因为它是在《泰晤士报》的"社论"声称"宪章主义幻想"已经破灭和消逝之后没几天发表的。这次大会将在英国的运动中开创一个新纪元。从今以后仅仅限于宪章运动是不够的，社会的和政治的彻底民主将是我们宣传的目的。今晚将在伦敦南区召集一次大会，那些日报当然是不会报道这件事的。我要就此搁笔了。请快些来信。我一两周内再去信。玛丽向恩格斯夫人和你本人问好！代我向马克思、日果等人问好！

你的情同手足的
朱利安
（今后简称"朱"）

手稿　　　　　　　　　　　　　　　　　　　　节录
莫斯科苏共中央马列主义研究院
中央党务档案馆，f. 1, op. 5, Nr. 91

亨利希·楚劳夫（埃尔伯费尔德）给弗里德里希·恩格斯（布鲁塞尔）的信

1846年6月28日

1846年6月28日于埃尔伯费尔德

亲爱的恩格斯：

施纳克已把你的信交给我了。今后你给我的信，请封好后寄给这里的卡尔·奥古斯特·济贝耳，在我们取消这一约定以前，这样做比较稳妥。对你的上一封来信和魏德迈从布鲁塞尔的来信，我想不用回复了，你们在信中也没有明确要求回复。此外，我由于诸事缠身，不能遵嘱到比利时去旅行，哪怕去几天也不行。前不久赫斯来过，住在我家里，但他基本上是不信任我的，对你则更无信任可言。

我希望得知魏德迈的详细情况，这是他在匆匆去威斯特伐利亚途中同我短暂会面时答应的，当我们分别的时候，他只对我作了一些暗示性的解释，因为他在奥特堡家吃完午饭后，就同施纳克一道起程了，在吃饭的时候没有谈到什么特别的事情。总的说来，最近我们的事都是从那里秘密处理的，以致人们只要偶尔听到一鳞半爪消息就会感到庆幸。我从奥特堡家回来后，还始终没有弄清你们早已打算同魏特林分裂的原因，特别是你们同赫斯分裂的原因，对此我已大倒胃口。舒尔茨也曾向我们谈过这个问题以及你们打算修改对待德国共产主义者的原则问题。你们竟然生我们的气,认为我们没有从这里反对克利盖的《人民代言者报》;其实要回答这个问题也很简单:我们是在奥特堡从伦敦沙佩尔那里带回这份报纸以后才知道它的;现在我们当然同意你们的反克利盖的通告,可是在当时,在德国很难搞到这份报纸,因此几乎没有人读过它。当初我们之所以认为你们发表这么一个通告对于你们进行广泛讨论来说是不必要的,那是因为我们不知道有这样一份报纸,更何况我们以为你们肯定会支持这份报纸。另一方面,你们认为我们组成集团,而不公开表示反对立场。这种情况在有的地方可能是存在的,但肯定不是普遍现象;我们完全明白古斯塔夫·阿道夫·克特根和共产主义之间的区别。克特根大约在两周前起草了一个可怜的通告。它首先提出,在韦尔维耶召开一次这里的和威斯特伐利亚的共产主义者大会,以便使流亡者马克思和魏特林都能参加;它同时呼吁每年定期捐款,用以救济急需用钱的共产主义的著作家和传播共产主义思想。这个通告实在可怜,我觉得古斯塔夫·阿道夫·克特根的脑子似乎不正常。我当然断然拒绝在通告上签名,因为我不明白这个蹩脚的通告究竟有何用处,按这个通告办倒是更适合于把我们卷进警察当局的调查中去。更有甚者,他还公开表示,他要请我们的模范共产主义者和合法的进步派先生们捐款。他完全忘了布兰克兄弟在为赫斯募捐的时候好容易才捐到微不足道的几个钱,我让人把钱还给了他们。黑克尔也完全以同情的目光藐视他的通告,把通告还给他而没有捐一分钱。克特根还把通告寄给了吕宁和迈耶尔,但他们两人却不知道对这种不得体的行为应当说些什么。他在这里也没有达到预期目的:我记得他去过奥特堡那里,但后者也表示反对;诺伊豪斯也同样表示反对。诗人舒尔茨虽然在通告上签了名,但第二天就立即提出请求,希望把他的名字去掉,因为当时他对这种私下打招呼感到意外,不想当场给他本人以否定的回答。因此,这个蹩脚透顶的通告将成为一纸空文;他的"自造物"虽然谦卑恭顺,但他并没有获得成功:他的利己主义是天生的、根深蒂固的。但是,总的说来,我们在这里并没有开展令人瞩目的活动,对此,你大可不必感到奇怪。我们的情况和能耐,你不是不知道。你将会赞同我的意见:在把理论搞得相当混乱之后,我们的事业就已进入一个使我们的活动越来越没有成效的阶段。我们财力有限,即使同其他人合作也无力创办一家秘密报纸,当然准备工作在我看来绝不会像我们的鬼精灵所想象的那么危险。魏德迈上星期给我写了几封信,我不得不回信对他说,我已经作了巨大努力,现在必须休息一段时间。由于迄今为止拥护共产主义的人四分五裂、大伤元气,以致我们这里的协会暂时还不可能有什么大的作为。施纳克把他从《社会明镜》拿到的稿酬花去了一半,但是还不够,我又借给他22.75塔勒,借期为两周,而至今已三个月过去了。过了三个月,他更还不起这笔钱了;这样,我的计划全都落了空。不过,诉这么多的苦有什么用呢!前几天,皮特曼寄给我一份为他的杂志《普罗米修斯》认股的广告,叫我在这里为他兜售股票,但我想暂时放一放,如果我们能恢复一些元气,我更愿意为我们共同的真正的目的募捐。

　　致以衷心的问候。

你的
海因茨

手稿　　　　　　　　　　　　　　　　　　第一次发表
莫斯科苏共中央马列主义研究院
中央党务档案馆，f. 1，op. 5，Nr. 111

斐迪南·弗莱里格拉特（科隆）给卡尔·马克思、弗里德里希·恩格斯和康拉德·施拉姆（伦敦）的信

1850年1月26日

1850年1月26日于科隆

亲爱的马克思：

我这里有大本营寄来的四封信需要回答：施拉姆的一封，您的一封和恩格斯的两封。为了简便和节省邮资起见，我写这一封信是一箭三雕。

瑙特的答复已经解决了施拉姆的信。他很愿意当《新莱茵报。政治经济评论》的科隆经销人，但眼下有些恼火。因为，据他说，你们总是不完全明确地回答重要的询问。你们的确应当考虑一下，"经销人"必须消息灵通。艾森的竞争对事情只会有益处。他自荐承担征订《评论》，这是每个零售书商在每一本书出版时所能够作的。到目前为止，他已经征求到80个订户，为此在沙贝利茨那里长期订购100份。瑙特的名单上的总结果，我还不知道，不过我知道，例如丹尼尔斯的名单上大约有50人签名。《评论》将会办好，而且必定会办好。只是要想办法，至少让第1期（或者前两期更好）一炮打响——这会给读者很大的鼓舞。

亲爱的马克思，我已经尽力"为募款而募款"。但是我公

开承认，这是一件困难而又吃力不讨好的事情。**我们**、党、无产者**没有钱**（我最近穷得连一个硬币都没有，以至于连邮差都使我难堪）。因此就要靠资产阶级民主派发慈悲。但是，尤其是科隆这里的资产阶级民主派是些什么样的下流胚，从去年起您还会记忆犹新。我从他们的坚硬的乳房上**一滴一滴**挤出的全部奶汁到现在为止仅有 **35 塔勒 16 银格罗申**，其中的 35 塔勒已随信附上。余下的 16 银格罗申我用来作为这封信的挂号费。如果再挤出几滴，我马上就寄去。

您的美国计划可能是正确的，但在**资产阶级**听起来像女妖一样阴森可怕。您写信向荣克谈过这件事，而荣克说，他愿意尽力为您干一切事情，但对那个"女妖"他什么也不干。我不知道他私下是否寄给您一笔捐款，他没有给我任何东西。我无论如何必须坚持我的募捐的原来目的。——我只能完全普遍地要求"为《评论》的目的捐款"。希望拉萨尔能够多寄一些，而可惜我不能多寄。

我今天还是不能给施拉姆写介绍信。因为自从纽约快邮①车夫冯·艾希塔尔死后，我在美国实际上没有一个能够在这类事情上助我**一臂之力**的人。[……]

尊敬的老乡们，我不可能把梅纳尔的诗翻译出来。你们一下子寄来的"活计"太多了。找摇钱树、书商②，在"24 小

---

① 指从 1843 年到 1851 年出版的《关于欧洲形势、德国公众生活和社会生活的德意志快邮报》。

② 恩格斯在一封没有保存下来的信中请求弗莱里格拉特等人为他计划改写的《新莱茵报。政治经济评论》关于匈牙利人的文章找一位出版者。

时内"译出26首4行诗——这是不可能的！另外，这诗是用非常美妙的法文写成的，相比之下，用德文翻译出来必定会显得贫乏无力。一旦我的募捐工作有了点眉目，一定把那些诗翻译出来。

我已通过施奈德第二催促**伦敦**关心流亡者救济委员会。这些家伙多半只想到瑞士，而在最近寄的800法郎中，**第八部分是专门给我们的鲁普斯**①**的**。[……]

感谢上帝！刚才又给我流出几滴！现在寄给我的共有40**普鲁士-库尔塔勒**银行汇票。别让我老是为了你们的正确地址伤脑筋。另附上我妻子写给你妻子的几行字。

沙佩尔有望在2月8日被宣判无罪。哈根②到威斯巴登去监督案件的审理。

手稿　　　　　　　　　　　　　　　　　　　　　　节录
阿姆斯特丹国际社会史研究所
马克思恩格斯遗著 D IV 36/D 1967
(《马克思恩格斯全集》历史考证版
第3部分第3卷第462—463页)

---

① 威廉·沃尔弗。
② 兰伯特·哈根；他可能没有离开科隆，而只有弗里德里希·列斯纳受审。

恩斯特·德朗克（美因河畔法兰克福）给弗里德里希·恩格斯（伦敦）的信

1850年5月7日前后

亲爱的恩格斯：

您的来信，我晚了几天才收到，因为我悄悄到富尔达去了6天，办理家庭的事情。我现在在最短的时间内——至多8天——就要到瑞士去，不久我将从那里给你们寄去详细的报告。至于说都灵，根据我在巴黎得到的完全可靠的报告，我认为您对警探之类的东西的担心是太过分了，相反，**我知道**，人还在那里，奥地利人和法国人专门在设法寻找他们。带着假护照也许还可以通过法国逃脱；但是，由于法国的革命，我到那里的去路可能被切断了。不过，当我差不多发现革命的苗头时，我就直接从瑞士去巴黎，人们可以在那里很安全地隐藏几天。不过，不论如何，考虑到意外的警察的旅行团，我将不会走海路从热那亚到伦敦。

在瑞士，我将首先向鲁普斯①打听德斯特尔勾当②的细节，因为在这里没有人关心此事，虽然他们在这里也有一个协会（正好是由非常有用的人组成）。一部分人说，鲁普斯和德斯

---

① 威廉·沃尔弗。
② 指"革命集中"。

特尔担任领导,另一部分人说,德斯特尔一个人担任领导,还有一部分人(在奥芬巴赫)收到**赖纳赫**的信,他以他自己和**德斯特尔**的名义(!!)要求"为革命的目的"捐款。我要设法弄到赖纳赫的这样一封信并在瑞士看一看,这个犹太人是否盗用德斯特尔的名义骗了钱,我对他是很怀疑的。我还知道,关于我同你们有联系的说法是**他本人**传出去的,很可能也是为了以此来骗钱。另外,我还有巴黎方面开具的关于他的书面证明,在我到达时,带有这份证明将使他不会立刻有危险;如果有可能,就让他溜掉。至于德斯特尔,我完全不会像您当初想的那样威胁他;我认为,不久就要整治他一下,我设法用他自己的武器砍掉他的社会民主主义尾巴。另外,在这里的人们还根本不了解他们的全部事情。魏德迈不关心这件事,而是继续领导他的小支部;只有在此地的瑞士人集团里才有一些真正能干的老同盟盟员、优秀的工人,通过瑞士方面对各个守备部队和要塞的实力的秘密询问,他们相信了一个"从来不曾存在过的组织"。在最近3天内,我**在这里**无论如何要设法进行合并。——其次,雅克佬①最好不久从伦敦来一趟,因为同盟的事情弄得死气沉沉、无精打采,很糟糕。

您关于"公开散布"对你们的救济委员会的攻击一事向魏德迈提出的问题,他同我一样都无法作另外的回答,只能说在寄到这里的报纸上关于这件事没有披露任何东西。我通过你们的答复(啤酒庸人吕宁对这个答复作了断章取义的转载)

---

① 亨利希·鲍威尔,雅克佬是法国人对农民的称呼。

才知道孚赫的蹩脚小报①的磨坊主梅因声明。与此相反，我现在得知，**巴黎**方面（至于是谁，我不必对您说明）给柏林来信说："马克思把大部分钱分给了私人朋友，即拥护者（这是确切的字眼），还用这笔钱供养红色沃尔弗②（他根本不是流亡者，而是回德国去了），而没有救济需要帮助的流亡者。"在柏林，《晚邮报》集团公开报道并散布这一点。——根据这一消息，我认为您关于你们不打算同游手好闲者**腊施**打交道及不理睬他的声明是恰当的。我已直接写信给他，让他为伦敦方面筹款，特别是要要点计谋不让把钱交到鲍威尔集团③手里。同时，我自然不以你们的委托人的身份给他写信，而是简单向他描述了一下迄今为止受到你们救济的流亡者的状况。腊施是吹牛大王和游手好闲者，这是实情，我在我的第一封信中已经告诉了您这些情况；但正因为使他感到光荣的是被视为"革命的"，所以他必定被利用来反对司徒卢威—鲍威尔集团，而我看不出，人们为什么不该为此利用他。再者，事情紧急，因为柏林正是在这个时候在为伦敦进行筹款。——你们将随信收到从这里寄出的一张10英镑的期票；**收到后必须及时通知托·舒斯特**。——我去往富尔达的途中在哈瑙停留了一天半，也是为了筹款；你们这几天将从那里收到200古尔登，或许你们已经收到了这笔钱。

  我在巴黎根本没有会见到德国人，在法国人当中，主要只

---

  ①　《晚邮报》（柏林）。
  ②　斐迪南·沃尔弗。
  ③　指小资产阶级流亡者委员会，路易·鲍威尔博士在流亡者委员会里担任领导职务。

会见了秘密团体的两个成员（目前在都灵的一个被大赦的六月革命运输工埃斯皮纳斯和因六月起义在德国住了两个月的勒孔特）和前上尉、《人民呼声报》编辑勒伯夫。勒伯夫在我离开前一天还协助我反对可耻的西蒙（德国人）。巴黎的情况表明，我似乎无论如何没有必要向您具体描述。人们运用一切力量来阻止一场暴乱，因为人们知道蠢人路易-拿破仑**不得不**最后动用普选权，然后国民自卫军像在二月里一样，直接掌握一支经过改编的精良军队——这是人所共知的事实。在对新选举法进行表决之后，在巴黎和外省将会出现这种局面。秘密团体的先锋派打算在革命中立即篡夺革命委员会的领导地位，宣布取消议会"代表资格"10年并在所有的省里指定其他的委员会。谁在这里当了领导，不是阿尔伯、路易·勃朗或"贝亚尔·巴尔贝斯"等临时受崇拜的人物中的任何一个，而是**布朗基**。在巴黎的领导人当中确实还有许多人不打算冒"一次斗争的风险"，而是打算组织抗税，但是您能数出这个集团的人数。这些人在选举社会主义候选人时最后一次投了日拉丹的票。

最后还谈一点私事。这里根本没有《新莱茵报。政治经济评论》销售，这是汉堡和科隆的发行部门不负责任造成的。当我10天前从这里前往富尔达时，这里既没有第2期，也没有第3期。我随身带了一捆第1期，但丝毫也起不了什么作用，因为5月初实际上再也没有人买"第1期"了。

不久再从瑞士写信。再见。

您的　恩·德朗·

保·施土姆普弗住在巴黎沙尔德那里,现在还可能住在那里,因为他想轻率地到美因茨自首,下周在美因茨开始审判。如果反革命向法国进军,反革命将可能要首先干掉它的俘虏。①

关于艾韦贝克,我毫无所知,因为我自然不能像红色沃尔弗②那样在通信中同他联系。——另外,魏德迈没有再委托别人拆开给我的信。这个原因,我想下次再告诉您。

手稿
阿姆斯特丹国际社会史研究所
马克思恩格斯遗著 L Ⅲ 75/L 1171
(《马克思恩格斯全集》历史考证版
第 3 部分第 3 卷第 540—542 页)

---

① 原稿此处有墨渍,看不清楚。
② 斐迪南·沃尔弗。

威廉·沃尔弗（苏黎世）给
弗里德里希·恩格斯（伦敦）的信

1850年5月9日

5月9日于苏黎世

致恩格斯

您的来信让我等了好久。本月3日收到您的来信，我随即把它寄给德斯特尔并请他立刻把此信连同答复一起寄回。直到现在还没有寄回。因此，我想不再拖延回信。

至于伦敦协会，它是否存在和以什么形式存在，我在得到您的最新消息之前一无所知。大约在2月初，我发现这里已经发生了什么事情或者正在酝酿什么事情。有人间接向我询问，我不可能理解这些询问。这样，人们越来越清楚，但又被迫吞吞吐吐。这件事只处于筹划状态。但是我发现，人们研究和处置这件事已经有相当长的时间了。我想，如果是伦敦人当中的渣滓，那时更好办；如果不是，那么我偷偷地以伦敦的股东身份出现，这也许会利多弊少。我从带来的章程看到，除了一些不重要的条款之外，它与伦敦的恰恰毫无共同之处。这个章程在某些程度上是由波兰集中的一名成员贝格起草的，后来一些地方还作了修改。当时在此地的布伦也参加了。顺便说一下，他开始强调马克思的统治欲，这迫使我不得不堵住他的臭嘴。这个布伦作为第一代理人这样身居高职的人返回德国，他迄今为止的报告非常贫乏，现已中断。只要一动手干点什么，那么我的角色依然是被动的并起监督作用。当问题涉及致您的"公开"信的时候，我必须是主动的。对我来说，在这里的作用确实是滑稽的。关于参加伦敦协会一事，我只字不提。第一批方案中的一个是：派两名特使到美国去筹款。委任书已经拟好，我必须签名。我一开始就清楚，这些方案即使能够搞出什么名堂，也不可能马上办得到，因为缺少最必需的东西——钱——来继续派遣特使。因此，他们的伦敦之行（我当时曾必须在此之后14天内通知您）不得不（非正式地）无限期地推迟下去。新的协会是由哪些力量组成的？这个答复对你们近期的代表大会是有用的。他们是：奇尔讷，迪策尔（从前是纽伦堡一家民主派报纸①的编辑），博伊斯特（知名人士！），埃默曼，霍夫施泰特尔（从前在锡格马林根当过军官；去年在加里波第领导下参加罗马保卫战；我无法评价他的军事才能；他不是共产主义者），希尔盖特纳。前面提到的人——包括我在内——成立了工作机构。在这种情况下，出现了此地由8名流亡者组成的支部。在此地的所有人当中，共产主义者同盟可以使用的大概是耶克尔和普福（《厄伦明镜报》的人）；他们两人都在支部里。

---

① 《自由公民》。

第二，伯尔尼支部，由8人组成：其中有赖纳赫（!!）、弗里斯、格赖纳、克尔纳（埃尔伯费尔德的"好人"）、布赫海斯特；其余人的名字我忘了。这是**过去的**支部；它**现在**还是由布赫海斯特组成；赖纳赫、弗里斯和格赖纳，我听说已经去了巴黎；克尔纳要到美国去（德斯特尔在沙泰勒圣但尼，泰霍夫在沃韦，他们经常互访）。

第三支部在日内瓦：济格尔（!）、席利、康姆、加莱尔，我认为还有两个人。菲·贝克尔也参加了。贝克尔和加莱尔自然同时代表海因岑和司徒卢威，虽然重复此地人的话，但明确声称，他们不打算同后面两个人发生任何关系。

这大体上就是在瑞士的力量。在德国，我看能逃脱的人更少。因为根据布伦自己在阿尔托纳等地的报告，他还使许多死者复活。后来，第二位特使的确也离去了——他是叔尔茨，波恩大学学生，曾于科隆民主派代表大会上在金克尔的领导下充当反对派。我把这个人介绍给沙佩尔——因为我无法阻止这一点。他在其第一个报告中通知这里人说，他当时在莱茵所到过的地方发现了伦敦共产主义者手中几乎一切可用的力量。我本来应当像沙佩尔对他所说的那样，最好能够作出回答。这样，我在伦敦参加活动一事——已告一段落。我不再否认这一点，但拒绝作出任何详细的回答，因为我没有权利这样做。叔尔茨后来继续顺着莱茵河走下去，打算发现、物色一些合适的代理人并收集了许多材料，但这些材料看不出任何问题。相反，大约12天前，叔尔茨突然从布鲁塞尔寄来一封信，通知说他由于危险临头必须离开德国到巴黎去。这使此地人大为恼火。叔尔茨虽然是一个积极努力而又机灵的人，但同时又过于爱虚荣。他现在已经被确定为伦敦共产主义者代表大会①的代表。无论他试图表现得多么了不起，你们现在可以了解到实际情况，因此你们可能将不会同意与这个协会搞同盟。这个协会内部成分复杂，而且经费极少。奇尔讷很有革命热情，但同时很希望别人把他看作是最高领导者和中心并保持这种地位。他认为伦敦人不可能同此地人为伍！！人们对这种幻想当然只会加以嘲笑！

德朗克始终在美因河畔法兰克福，而且看来近期不打算过来。因此，我期待着直接从你们那里得到关于实际情况的指示和通报。同时你们不要忽略，我需要有关共产主义者同盟现状的详细说明。

祝好！

您的　异教徒

手稿
莫斯科苏共中央马列主义研究院
中央党务档案馆，f.20，op.1，d.26
(《马克思恩格斯全集》历史考证版
第3部分第3卷第543—545页)

---

① 即共产主义者同盟第三次代表大会。这次代表大会多次计划召开，但最终没有开成。沃尔弗在这封信中怎么会谈到即将召开代表大会，瑞士的"革命集中"这时怎么会公开指定叔尔茨作为它的出席代表大会的代表，是一个尚待弄清楚的问题。

威廉·沃尔弗（苏黎世）给弗里德里希·恩格斯（伦敦）的信

1850年5月14日

5月14日于苏黎世

亲爱的恩格斯：

附上我作为一个合伙者的报告。这里再以私人关系写几句。我尚未得到德斯特尔的回音，因而也没有把信退回。[……]

几天前，我收到了《新莱茵报。政治经济评论》第3期。第二季度第1期就要出版了吧？我现在订一份就够了。本来有6个订户，其中一人走了，不知去向；第二个订户是勒文贝格的施米特先生，他明天就要经斯特拉斯堡、巴黎和利物浦去美洲了；第三个订户是梯图斯，他要到巴伐利亚去向预审法官自首；其余的人也都因故不订了。[……] 直接或间接听到的对这份杂志的评价使我感到很有趣。尽管有些人——如柏林的书记员施泰因、布拉斯等——处处指责，但是人们仍自愿或被迫地承认马克思的文章是十分出色的。上帝似乎是在盛怒之下或者为了使人类欢娱而造就了这些批评家。然而，现在的维护帝国宪法运动！哼！何等的愤怒，多少发泄出来的仇恨，多少强忍下的仇恨！"科苏特一类"的主谋当中的一个人认为文章写得很糟糕，本来期望恩格斯写得更好一些；另一个人据说对

"可怕的轻佻"感到愤怒；第三个人认为整个文章都写得不恰当等等。[……]

您能否直接地——也许用十字信封——或者间接地通过在德国的什么人给我搞到三四本《共产党宣言》？注明价钱，我将偿付。为了此事，我早就给魏德迈写过信，然而，我既未得到他的答复，也没有收到宣言。

您还记得那个年轻人吗？1846年，他比我晚一天到达布鲁塞尔，他到办事处来，想让马克思介绍他去巴黎。我们马上看出他是密探，我们没有弄错。这个家伙几个星期前又在这里露面了，他曾在伯尔尼待了一段时间，在此之前，特别是1849年8月至12月他还在巴黎逗留过，在那里，他到各个使馆搬弄是非。我在这里的一家烟草店里偶然碰到了这个家伙，我觉得很面熟，但一时想不起来在哪里见过。他在瑞士旅行时考察了监狱状况。过了几个星期，伯尔尼方面让人们注意此人，并通报了他的相貌特征后，我才立即想起来了。我们于是跟踪了他，在一个公共旅店里，当着瑞士人和德国人的面揭露了他。起初，他否认到过布鲁塞尔，后来，这个可怜虫终于承认了一切，只是认为人们不应把他年轻时的幼稚看得这么严重。够了，这个家伙得到了这里的州警察局让他立即离开瑞士的命令。他护照上的名字是载勒尔，而他在这里一会儿叫这个名字，一会儿又叫施泰尼什。

你们从布雷斯劳流亡者委员会那里得到什么消息？我给它的一个成员，商人黑尔德写过两封信，建议他不要把所有人都送到伯尔尼去，至少要把一半的人送往伦敦。我在这里终于得到了一种担保,虽然它在"法律"上是无效的,但仍然得到了认可。这样,我现在便可以一直逗留到7月1日(!!)。我们从前的弗兰肯施泰因的合伙人沃伊德肖夫斯基现正在密尔窝基附近的威斯康星州。

我从西里西亚听说,赖辛巴赫打算今冬去美国。致以衷心的问候。

您的 鲁普斯

手稿 节录
莫斯科苏共中央马列主义研究院
中央党务档案馆,f.20,op.1,d.26
(《马克思恩格斯全集》历史考证版
第3部分第3卷第545—546页)

威廉·沃尔弗（苏黎世）给
弗里德里希·恩格斯（伦敦）的信

1850年5月28日

5月28日

亲爱的朋友：

本月25日，我收到您的两封信。您经常提起德朗克要来，并说这是最近的事，我本想等他到达之后再回信，因他尚未到达①，我就不拖延了。

给德的信尚未寄出，我不想将此信发出，因为随时可能亲自见到收信人。如果他本星期到不了，我就把信寄往法兰克福。德斯特尔来信了，他说，没有想过要同过去的事业②分手，他始终认为自己是这一事业的参与者。前不久，他跌了一跤，至今仍被困在屋里。一旦身体康复了，他就和泰霍夫谈一谈。尽管德从州当局那里获准逗留两年，但仍被命令离开瑞士，这样［……］③他不能继续违背联邦委员会的决定。他大概数星期之后就得离开瑞士。

对奇尔讷毫无办法，我甚至不愿和他谈话，那是徒劳的。

---

① 德朗克6月底才到瑞士。
② 指共产主义者同盟。
③ 字迹辨认不清。

他总想指挥、领导和统治一切，这种欲望太强了。障碍并不在于见解上的大相径庭，而主要在于所谓的个性。

至于迪策尔，他的报纸受了《新莱茵报》很大的鼓舞；他也为《新莱茵报》月刊上的文章进行辩护，这是千真万确的。然而，另一方面，他又声称，共产主义在德国应服从于下一次革命，人们必须首先考虑到小资产阶级；共产主义适合于法国和英国情况，而不适合于德国情况；在德国，民族问题是首要问题，如此等等。

据我看来，他不接受共产主义还有一个主要原因，就是担心以后不得不服从伦敦的领导。而他感到最惬意的，就是能够独树一帜，自视为十分重要的人物。

最近，当法兰克福的一位代理人（克伦特勒——您是否认识他）的信引起了第一次带有一定原则性的讨论时，我了解了迪策尔和其他人的观点。信中询问：（1）是否不存在一份纲领还是最近将要公布？因为"社会民主主义"这个术语很不明确，含义太广或空洞无物，因此工人们会对此不满。（2）是否要与伦敦联合？是否要接受《宣言》？"联合一切革命力量"这一备受喜爱的公理占了优势并支配了对问题的回答。通过奇尔讷的建议，这个回答至少要说明：虽然没有制定特殊纲领，但要赞成下次革命必须使无产阶级掌握政治统治权！别无选择，等等。小博伊斯特接受了伦敦的《宣言》，因此，此人一般来说是坚定不移的。

自从联邦委员会决定驱逐工人以来——这里约有50多人被驱逐，我几乎无所事事。虽然又成立了一个大约由30人组成的主要从事歌咏的新的工人协会,但我只与少数几个熟人有联系,尚不知能否在那里发现些可取的东西。种种情况——特别是警察对流亡者和德国工人的一举一动的刺探——都给联系造成困难。在契看来,耶克尔相当难以捉摸,普福满脑子普鲁东式的幻想,我与这两个人联系不多,但不久就会密切起来。然而,这不能很快实现,因为单独见面的机会很少——由于过着孤陋寡闻的生活,流亡者的情况更甚。

伯尔尼方面来信说,厄博姆已搬到伯尔尼。在那里参加的伊曼特帮已到日内瓦去了。格赖纳在巴黎,与萨瓦有来往,萨瓦和福格特一伙有联系,并为议会月刊①(第5期已经出版,因而继续现丑)撰稿。格赖纳经常写报道。这样的报道,人们利用这里的报刊都可以毫不逊色地搞出来。弗里斯可能去美国了,他在巴黎时没有拜访格赖纳,这个老实人似乎感到很吃惊。

关于叔尔茨:他从科隆来信了,咄咄怪事!莱茵省的气氛极好,而在科隆却无事可干;民主派的头头们什么都不干,却希望那里和科布伦茨一样在军事上打开局面,如此等等。他现在正沿下莱茵河去韦瑟尔,准备从那里去威斯特伐利亚和拿骚,然后再返回科隆。从信中看出,他自视为下次运动的主要核心,正如他现在在德国是主要的或实际上唯一的代理人一样。

---

① 《德国政治、科学、艺术和生活月刊》1850年第1年卷斯图加特版,1861年第2年卷不来梅版。

德也来信问能否通过我和您弄到几本《宣言》，我自己也需要几本。

弗兰茨·施米特25日由这里经斯特拉斯堡去英国了，我把您和马克思的地址给了他；如果你们愿意，可以把他当作自己人。他只需要更详细的情况介绍。如果你们在美国有什么事，我认为可以委托他办理，他肯定会尽力而为。他到那里和我们的一个人——沃伊德肖夫斯基（早先在弗兰肯施泰因）会面，对增加月刊①的订户，他也许还能帮上忙。如果他去拜访你们，请代我向他及其夫人致以衷心的问候。

为救济金的事，我已经至少向布雷斯劳写过3次信了。

这里的《新莱茵报。政治经济评论》只来了3期，出版和寄送的时间拖得这么久，真成问题。

我感到斗争在法国暂时推迟了，我不相信在辩论结束并通过选举法之后，人们还会拿起武器；也许我的看法不对。同时我想，戏无论如何不会长久地拖延下去。

上面我还忘了告诉您，我仍暂时和那些人②在一起；但我认为，不会长久如此。泰霍夫近日来信说，伦敦存在一个欧洲革命委员会，德国方面的代表竟是维利希！这个消息，我是跟其他消息一起听说的，并没有说，自从我第一次"正式"询问以来，尚未得到任何回答或给伦敦写过信。也许，我没有权利得到这样的报告。如果有人询问，我总是为没有收到信而感

---

① 《新莱茵报。政治经济评论》。
② 指"革命集中"。

到奇怪。此事也许很快会全部被撇在一边。祝好!

您的 异教徒

手稿
阿姆斯特丹国际社会史研究所
马克思恩格斯遗著 L1X 378-1/L 6419
(《马克思恩格斯全集》历史考证版
第3部分第3卷第551—553页)

恩斯特·德朗克（日内瓦）给弗里德里希·恩格斯（伦敦）的信

1850年7月底或8月初

亲爱的恩格斯：

泰霍夫昨天抵达此地，今天已赴巴黎，在那里停留几天，尔后即前往伦敦。他向我讲了，《卡尔斯鲁厄日报》刊载了一份《伦敦中央委员会致全体德国支部的通告信》，这封信是**莱比锡**警察局（可能是波尔恩说出去的？）**截获**的。① 这正是我今天写信的主要目的。他对这份文件关于济格尔和贝克尔的说法大为恼火，他宁肯认为这只不过是（维利希）拨弄是非，并且他声称"在瑞士的中央委员会里有一位可靠的盟员报告了一切情况"这句话确实极不高明，整个这件事是卑鄙无耻的。我无法去否认这份刊载出来的文件的真实性，因为有关布伦和大学生叔尔茨的通报已不容许断言警方在吹牛。但我今天使他的态度稍有改变，尽管其间我同他和席利进行过一番激烈

---

① 中央委员会《六月告同盟书》是由卡尔·威廉·克莱因从伦敦带到大陆的，他把一份抄件交给科隆共产主义者同盟总区部。他还"抄写了几份要散发的告同盟书"，其中一份于6月10日寄给莱比锡同盟支部领导人裁缝帮工亨利希·马尔齐乌斯，信封外面写了假地址和收信人：莱比锡商人卡尔·亨利希·黑尔弗尔。这封信6月13日寄到莱比锡，19日被黑尔弗尔交给警察。7月24日《卡尔斯鲁厄日报》第172号在《乱党的计划》的标题下全文报道了告同盟书，其他报纸也相继转载。

争论,泰霍夫一再声称对济格尔的攻击是维利希个人的嘲讽,他还否认维利希有**任何**军事才能。我把马克思的地址(莱斯特旅馆)给了他,我相信,尽管有这些情况,但你们**谨慎**一些,便能轻而易举地做好他的工作。

第二封通告信情况非常糟糕,因为无论如何这都会招致逮捕并且要被瑞士那班蠢驴所利用。泰霍夫对我说,波尔恩在伯尔尼告诉他(当时,泰霍夫因护照一事正在那里),在德国**还有**另外一条联系渠道;波尔恩似乎想不惜一切代价通过谎言、阴谋、秘密勾当来坚持扮演某种角色,而且(如果通告信不是以不慎重的方式从科隆送到莱比锡的话)我认为此人完全可能是通过他那伙莱比锡的施特劳宾格人中的一个故意把这件事透露给反动报纸的。无论如何你们要尽快设法了解,有**谁**在莱比锡遭到过搜查,或者该文件是从**谁**那里被查获的。针对波尔恩的谎言,我不得不告知泰霍夫,波尔恩早已被开除。

奇怪的是,德斯特尔对于我提出的坦率要求毫无回音;我愈来愈相信,而且我给你们写信也谈过,他对自己在瑞士集团中的"第一小提琴"地位感到心满意足,似乎再不想靠耍弄脚踏两只船的诡计来捞取什么东西,现在他完全会利用文件的公布作为回避任何公开声明的借口。

现在,我无论如何要在几周之内去一趟都灵。因为我的律师把我彻底抛弃了,所以我现在正处厄运,即使我的钱现在到了,我也无法离开此地前往拉绍德封等地,何况我从其他方面还不一定能搞到所需的10至15塔勒。法兰克福的魏德迈几乎没有帮上什么忙；因此我给**科隆**方面写信要求寄来 10 塔勒左右，因为我从你们那里一无所获。在近来发生的种种情况和波尔恩玩弄的诡计之后，我认为事情紧迫，如果得到回音，我还到那些地方去。这样，拿到新通行证和所需的钱之后，我便**直接**前往都灵。

我在此地组建了一个支部，力量比别的支部**要强些**。莫里逊、一个丹麦女人彼得逊（不要同布鲁塞尔的一个同名的人混淆）、若干十分有用的工人参加了这个支部；莫泽斯①是不能绕开的，但是他无足轻重。

里昂（无产阶级）派在法国人中有联系，同巴黎的社团没有来往；他们彼此以好友相称，像加里波第那样。尚斯尔（1848 年 5 月 15 日流亡的布朗基主义者，后来去罗马投奔加里波第，作过奥地利的战俘）和罗兰（流亡的山岳党人）也在这里。托雷在洛桑等地。意大利人当中有：瓜尔迪亚，流亡组织的创始人和会计，马志尼分子；德尔·韦基奥，小猴子；里恰迪，自认是马志尼的缩影。萨宗诺夫日日夜夜都同**济格尔**混在一起；戈洛文，无聊的"学者"。赫尔岑在尼斯，仍不停地指使几个寄生虫四处兜售他那些令人厌恶的对马克思的诬陷。意大利人真正的**革命**党在此地并**没有**自己的委员会。

务必给我来信！我在苏黎世写的信已在此地从加莱尔那里得到了您的复信；我从这里给鲍尔写信，要求到纳沙泰尔去的

---

① 莫泽斯·赫斯。

旅费1.5镑至2镑,尚未得到回音。

你的 恩·德·

手稿
阿姆斯特丹国际社会史研究所
马克思恩格斯遗著 L Ⅲ 146/L 1173
(《马克思恩格斯全集》历史考证版
第3部分第3卷第609—610页)

恩斯特·德朗克（日内瓦）给弗里德里希·恩格斯（伦敦）的信

1850年9月29日

9月29日于日内瓦

亲爱的恩格斯：

三天前我才从拉绍德封和洛克勒返回，因为收到您的信时我未能及时前往。那里的情况很好；在拉绍德封，我同一位来自科隆和布鲁塞尔的做鞋楦的老相识①碰了头，让他汇报了当地的一些必要情况；那里前段时间所取得的成绩比以往还要好。详细的报告以及写给伦敦一位钟表匠的信，我将在最近托人给您捎到伦敦。有了最近的经验，我现在已经不愿把过多的东西交付邮寄，就连这封信我也准备托人代转。［……］

昨天晚上我到过里昂协会的一位特使那里，他是前几天从马赛等地回来的。这帮蠢驴郑重其事地制定了下列计划：革命后立即解散军队，并把士兵召回县；把整个法国划分为若干县，设立一个管理委员会（没有动议权），管理委员会把一个县提出的若干单项法律提案立即提交其他县审议，并交付各社团投票表决，如此等等，总而言之，搞分散主义。他们以为，

---

① 亨利希·弥勒。

如果解散了军队,他们就不会受外界的干扰,从而得到安宁,这样,他们这帮小资产者和无知的笨蛋就可以通过分散主义占地为王。他们的仇恨主要是针对巴黎,而他们之所以要利用蒲鲁东的无政府主义空谈,无非是为了抵御巴黎的革命"政府"(政府"本身"!)。他们宣称,法国南部的农民已经具备共产主义思想,这些农民站在他们一边,并将以不可阻挡之势,提前发动一场运动。法庭最近在奥兰审理的案件,有一部分就是涉及上述情况。如果您想了解更详细的情节,我以后还可以向您报告;您暂时可以把上述情况告诉在伦敦的巴黎人。

在归途中,贝克尔集团的一个笨蛋对我说,他从伦敦的**施瑞费**的来信中获悉,维利希要同马克思决斗,还说他已经同全党决裂。今天莫泽斯①又告诉我说,艾韦贝克给他来了信,提到维利希曾向主持人施拉姆举枪射击,造成擦伤。到底是怎么回事?望来信告知,这样我就可以回击这帮狗东西散布的无休无止的流言蜚语。愚蠢的伙计布赫海斯特最近来过此地,接着,那位明明只有半瓶醋、却偏要痴心妄想、争强好胜的可怜的约·菲·贝克尔也来过这里。关于那份被没收的文件,这两个人散布了一项绝顶聪明的声明,说什么文件是马克思本人公布的!正是由于这个原因,我在咖啡馆打了贝克尔的一名走卒几记耳光,这帮人在我眼中统统都是一些下流无耻之辈。[……]

您的

恩·德·

---

① 莫泽斯·赫斯。

如果你们那里还存有《宣言》（1848年），请给我寄几份（不要贴邮票），可寄法兰克福的舒斯特处，他将设法给我转到这里。这里**迫切需要**《宣言》。

手稿 节录
阿姆斯特丹国际社会史研究所
马克思恩格斯遗著 L Ⅲ 77／L.1174
（《马克思恩格斯全集》历史考证版
第3部分第3卷第648—649页）

艾曼纽埃尔·巴泰勒米、亚当、茹尔·维迪尔（伦敦）给卡尔·马克思和弗里德里希·恩格斯（伦敦）的信

1850年10月7日

1850年10月7日

致公民马克思和恩格斯

公民们：

我们荣幸地通知你们，我们必须在本星期内召开一次会议，处理我们所创立的团体的若干事宜。我们已经通知维利希公民。会议的地址和日期由你们选定，并希望告知我们；因为对我们来说，会议在何时何地举行，这是无关宏旨的事情。

我们荣幸地向你们致以敬礼。

巴泰勒米
亚当
茹·维迪尔

手稿
阿姆斯特丹国际社会史研究所
马克思恩格斯遗著 D Ⅰ 27/D 193
(《马克思恩格斯全集》历史考证版
第3部分第3卷第654页）

威廉·沃尔弗（苏黎世）给弗里德里希·恩格斯（伦敦）的信

1850年10月23日

1850年10月23日于苏黎世

亲爱的恩格斯：

我本以为自己在这段时间能前往伦敦，可是时至今日也未能成行，只好写这封信给您。我一直渴望离开瑞士；但直到现在，我还没有凑足迁居伦敦所需要的费用。退一步说，即使我或迟或早凑齐了这笔款项，我在抵达英国以后也会成为你们的负担；至少在我初来乍到而尚未找到工作的时候，这种情况是难以避免的。考虑到你们的经济状况，我对此事颇为踌躇；不过，如果您坚持当初的建议，仍然主张我迁居英国，我也完全可以打消自己的顾虑。您在上一封信①中提到的那些丑闻，并没有使我感到十分震惊。您在伯尔尼就曾简单地同我谈到过维利希的品质②；至于此人在其他方面表现出来的品格，我也通过自己的观察早有所知。可惜的是，这次分裂将给德国境内的事业带来不良后果。

---

① 恩格斯在这封信中叙述了中央委员会9月15日会议的情况。这封信未能保存下来。
② 1849年9月15日，恩格斯和沃尔弗曾在伯尔尼会晤。

大约在十天前,奥·吕宁抵达此地,来看望他的兄弟们。①

我同他在文学咖啡馆见过几次面,并从他那里获悉,那位在布雷斯劳遭到驱逐、从而被迫离开故土的海尔贝格,最近几个星期一直寓居在法兰克福。

我今天看了报纸,有消息说,弗莱里格拉特现在也离开了普鲁士,他可以算是《新莱茵报》遭到摧残以后留在那里的废墟上生活的最后一个人了!9月份,拉萨尔同他的伯爵夫人②来过这里(我上次给您写信时可能提到过此事),他准备在阿尔卑斯山进行一次旅行,以便增强体质,度过冬季的囚禁生活。我从他那里了解了一些有关泰勒林的品质、有关此人在科隆、特别是在伦敦的表现的细节。我真没有想到这个人是这样一个卑鄙无耻的败类。

我已经很久没有直接从德朗克那里得到什么音讯了。埃默曼告诉我说,德朗克目前仍在日内瓦,同莫泽斯③形影不离。不久前,他参加了当地流亡者举行的一次宴会。我在夏天曾两次写信给德斯特尔,但至今没有得到任何回音。[……]谈到月刊的问题,我想附带告诉您,人们常常向我打听《新莱茵报。政治经济评论》是不是还要继续出版。

[……]现在,任何人都不准离开给他指定的居留地点,哪怕是离开一夜也不行,除非是事先请假并获得批准;有关假

---

① 奥古斯特·吕宁和海尔曼·吕宁。
② 索菲娅·冯·哈茨费尔特。
③ 莫泽斯·赫斯。

期的问题，由当局在联邦议会印制的一份表格上给予批复，而这种表格的具体项目比普鲁士的护照还要琐细。最近，我们可能会像中世纪的犹太人那样，被强行规定居住在一定的范围之内；凡有流亡者的地方，都将照此办理——这一切，都属于自由的瑞士和享有更多自由权利的反革命势力所施行的德政。面对这种境遇，我只要想到还会同你们重逢，还可以同您一起畅饮对半掺成的啤酒①，同时，还能在马克思家中同大家欢聚一堂，我就会顿时产生一种快慰的心情。您在来信中说，马克思正在潜心研究经济学。他应当出版一本论述经济学问题的小册子，如能出版几本，那就更好了；我深信，目前的时机非常有利，这种小册子一定能够畅销。——"红毛"② 目前情况如何？他还在痛饮黑啤酒、烧酒和水以及其他饮料吗？如果破费一点邮资不使你感到为难，那就请您及早复信，谈谈您的情况。

您的　鲁普斯

手稿
阿姆斯特丹国际社会史研究所
马克思恩格斯遗著 L IX 370/L 6421
(《马克思恩格斯全集》历史考证版
第3部分第3卷第662—665页)

---

① 这是用英国的淡色啤酒和黑啤酒对半掺成的饮料。
② 指斐迪南·沃尔弗。

朱利安·哈尼（伦敦）给
弗里德里希·恩格斯（曼彻斯特）的信

1851年1月25日

1851年1月25日于伦敦布卢姆斯
伯里区女王广场不伦瑞克街4号

亲爱的恩格斯：

来信收到。我准备下星期给您回复。但我得先告诉您，《先驱》上没有再发表什么有关《德国民主派》的文章。我不知道这个题目是否已经论述完了。

您能见到曼特尔和其他朋友并设法使我得到有关"曼彻斯特代表会议"活动情况的消息吗？我想知道"代表"的名单（？），他们的主要决议的**基本内容**，克拉克和麦格拉斯那些"挑选出来的"叛徒的言论，以及奥康瑙尔所采取的路线。我至少应该收到两封信，星期三早晨一封，星期五早晨一封。等着看《北极星报》太晚了；再说，那个可爱的杰出人物（！）也不会把所有的发言和活动都发表出来。

明天早晨将在我家里开会，决定那个计划中的报纸的问题。

下星期再写信。

您的情同手足的

乔·朱利安·哈尼

手稿

莫斯科苏共中央马列主义研究院

中央党务档案馆，f. 1，op. 5，Nr. 339

威廉·皮佩尔(伦敦)给
弗里德里希·恩格斯(曼彻斯特)的信

1851 年 2 月 26 日

亲爱的恩格斯:

您大概已经获悉,那些获得解放的市侩们和施特劳宾人定于 24 日在这里举行两个庆祝宴会。沃尔弗①和李卜克内西出席了其中的一个宴会,有关这个宴会的情况,我打算让马克思向您叙述;我和施拉姆参加了另一个宴会,我感到有必要把这个宴会上发生的一些事情告诉您。有关哈尼同德国和法国的苦役犯以及兵痞之流的关系,马克思大概已经在信中向您谈过;因此我不想再费笔墨来描述这种**兄弟情谊**的性质及其产生的背景;我只想谈谈我的看法,我认为,哈尼主要是在朗道夫的介绍之下,被勃朗诱入歧途的。朗道夫那种众所周知的亲善友爱、殷勤备至的态度,和那种举止高雅的巴亚尔式的风度,使哈尼受到了愚弄,而友谊一经建立,便没有任何约束,自然要发展到叛卖久经考验的党内老同志的地步,因为这些同志不具备那些讨人喜欢的素质。自从贝姆追悼会召开以后,他们就已经结成联盟;为了举办这次宴会,哈尼本人曾经不遗余力地奔走忙碌。我们认为有必要注意观察一下哈尼在这次宴会上的表

---

① 斐迪南·沃尔弗。

现,于是就设法搞到了出席宴会的入场券。这入场券是从谁那里搞来的呢?是施拉姆从哈尼那里弄来的,哈尼已经成了施特劳宾老爷们最得力的兜售商品的小贩。我想顺便提一下,自从贝姆追悼会召开以后,哈尼就一直小心翼翼地回避马克思,当施拉姆去找他时,他十分惊愕,以致满脸通红。现在再回到本题,施拉姆和我去参加了这次宴会,宴会是在伊斯灵顿举行的。我们去得略微晚了一些,因此在入场时立即受到了别人的注意。我们找好了座位,此后便耳闻目睹了下面所述的一切。出席宴会的共有700人,大厅里装饰着各种常见的旗帜,并且赫然悬挂着一些精心选择的名人肖像:在科苏特和加里波第的肖像之间挂着莫尔的肖像,在布朗基和卡贝的肖像之间挂着雅科比的肖像,罗伯特·勃鲁姆的肖像则挂在巴尔贝斯和罗伯斯比尔的肖像旁边。维利希任会议主席,整个大厅布置得一片通红,那情景就像马格努斯·格罗斯所说的,仿佛是所有红色共和国中最红的共和国的开国大典。我们一开始就有意让哈尼夫人注意到我们的光临,使这个可恶的女人在整个晚上大为扫兴,对此我们感到十分愉快。会上宣读的贺词有:(1)来自第12行政区的贺词,即路易·勃朗的昔日的卢森堡建筑工人代表的贺词,由路易·勃朗宣读;(2)来自某地的贺词,由维迪尔宣读;(3)来自某地的贺词,由朗道夫宣读;(4)来自瑞士的贺词,由沙佩尔宣读;(5)来自波兰的贺词,由萨瓦什凯维奇宣读,如此等等。来自德国的贺词一份也**没有**——因为他们从德国什么东西也**没有**弄到。

祝酒词有:朋友朗道夫发表的以他本人的平等精神为基调

的高论；格贝尔特发表的有关苦役犯式的社会主义的高论，如此等等，不一而足。最后，哈尼终于露面了；在这之前，他参加了教堂街的宴会。沙佩尔以郑重的语气向人们介绍了哈尼，称他是"我们的朋友、公民乔·朱·哈尼"。这位公民宣读了民主派兄弟协会的贺词，对沙佩尔的"决一死战"的说法表示赞同，他大概是庆贺自己经过盲目摸索和苦苦追求而终于参加了这个宴会，庆贺自己一生中最为光彩的一次凯旋，他是那样匆忙地舍弃您和马克思同他的友谊和联系，来换取这种凯旋的梦幻。在我们进场时，豪德接待了我们，同时也盯住了我们；过了没有多久，维利希那支骁勇的军团已经摆开了围攻我们的阵势，我们遭到了文格勒、普罗哈斯基、科文德以及其他十位先生的最卑劣、最无耻的凌辱，时间长达半小时之久。我们不可能安然退出会场；眼看面临着一场灾难，我们便作好准备，尽一切可能使这场灾难朝着有利于我们党的方向发展。不过，尽管那位拉扎罗尼的头目和会议主席怀着挑战的心情注视着我们的处境，我们在当时毕竟还没有受到众所瞩目的攻击，因而不能要求登上讲台，来回击这种丑恶的行径。过了几分钟，由于辱骂之声越来越响，我们在大厅里受到了足够的注意；这时，施拉姆便走向讲台，要求朗道夫维持大厅那一角的秩序，要求他向施特劳宾人发布制止令（因为维利希尽管默不作声，事实上却已经在那里发号施令），否则，一场轩然大波将不可避免。那位高尚、英俊、勇敢和侠义的朗道夫是怎样回答的呢？他说：这里不是调解你们和别人纠纷的场所。施拉姆的要求遭到了拒绝，不言而喻，这一点立即就成为一个信号;它说明人们已经背弃了我们。这时,场内正准备奏《马赛曲》;有几个人高喊"脱帽",就在同一时刻,那些攻击我们的人跳了出来,企图扯下我们的帽子;他们这样做还不满足,继而又大声嘶喊:"奸细,奸细!"20 只拳头在我们面前举了起来,我们尽力自卫,但还是在拳击之下被逐出大厅。您很难想象接着发生了怎样卑鄙的行为,除非您先想一想参加这次集会的是一些什么样的人。他们觉得高喊"奸细"还不够味,务必要进一步煽起杀气腾腾的疯狂情绪,于是,他们又叫喊"海瑙",进行煽动。大会主席团袖手旁观,他们不发令,不摇铃,不进行任何努力,来制止这 100 人对两个赤手空拳的人进行残害的卑鄙行为。沙佩尔、巴泰勒米、格贝尔特以及整个大磨坊街的人团团围住我们,威逼我们。这时,朗道夫终于出场同我们谈话来了,他要我们自己认清形势,还是彻底离开此地为妙。我们从来没有见识过这样下流无耻的畜生,他们肆意辱骂,大打出手,以此来表现自己,大概是为了博得维利希先生的欢心;对此,我们尽一切可能不断地进行抵抗。最后,哈尼露面了,他羞羞答答地出来证明我们不是奸细;他是那样卑怯,竟不敢把我们当成自己的朋友加以保护,不敢把我们的事情当成他自己的事情来处理,据我们所知,他后来又转身回到大厅,心安理得地去参加这个**情同手足的**欧洲社会主义和**共产主义者**的集会,直到散会为止。在事件发生的过程中,路易·勃朗先生可倒了霉,他眼看自己口袋里的那份关于博爱精神的演讲稿受到了冷落;不过,在这场可悲的事件过去以后,他还是发表了这个演说。

我们准备进行报复，关于我们的打算，我将在明晚写信告诉你；我们必须先同琼斯磋商一下，他没有参加这两个集会，估计他会站在我们这一边，同我们的那位人民之友①相比，他是较为热诚的。

致以友好的问候。

威·皮佩尔
1851年2月26日于伦敦

手稿
莫斯科苏共中央马列主义研究院
中央党务档案馆，f.1，op.1，d.412

---

① 指哈尼。

康拉德·施拉姆（伦敦）给
弗里德里希·恩格斯（曼彻斯特）的信

1851年2月26日

1851年2月26日①

亲爱的恩格斯：

我今天去过哈尼那里，对他在那次集会上的表现进行了指责。我说，他本应同他的人一起退出会场，至少也应当在讲台上对攻击我们的行为提出抗议。哈尼作了极其无力的辩解，说他尽了最大的力量去制止那些人的行为，但他的努力未能奏效。据他说，大磨坊街的人，即沙佩尔、维利希及其同伙断言事端是由我挑起的，硬说我讲过"让《马赛曲》见鬼去"这样的话；此外他们还编造了其他一些谎言。哈尼十分惧怕公开的诉讼，认为那样一来宪章派将遭到巨大的损害，《泰晤士报》和资产阶级的文人会抓住治安法庭上发生的这一丑闻大做文章。我回答哈尼说，如果事情会产生这样的后果，我也没有丝毫责任；为什么兄弟协会不对这种中伤事件进行抨击呢？

他建议将此事提交名誉法庭调查处理，我当然断然拒绝了

---

① 年份是马克思后来添加上去的；此外，他还在日期下面写上了"康·施拉姆"的字样。

这个建议。我对他说，对于这种公然侮辱别人的行为，我必须要求公开的洗雪。我们的谈话临近结束的时候，哈尼对发生这样的事件哀叹不已，说早知如此，当初就什么集会也不去参加了。我指出，他同沙佩尔、维利希交往，这本身就是一种卑劣的行为。针对我的指责，哈尼回答说，他的立场迫使他不得不利用一切机会公开露面；尽管他只同我们保持着亲密的私人交往，但在各种流亡组织面前，他不能不采取不偏不倚的态度。哈尼还说，您似乎在信中要求他对待其他国家的人也同对待德国人的态度一样，要完全按照这样的原则行事，那就是看一看这些人是否符合您和马克思的心意。我对他说，这是根本不可能的事情；您绝不会产生这样的想法，竟会要求他断绝同路易·勃朗和赖德律-洛兰的一切联系；可是，他所交往的是我们的直接的敌人维利希和沙佩尔，他竟然两次在沙佩尔主持的会议上发言，并且亲自筹备了这样的集会。我指出，除此之外，使我感到奇怪的是，他竟跟着法国人跑，并通过他的兄弟协会来为法国人的集会壮大声势；而路易·勃朗和赖德律-洛兰这些伟大的先生们却一次也没有出席过他所举行的集会。这时，哈尼又以他的政治立场来进行辩解。他表示愿意在《人民之友》上登载我写的任何一项声明；我在离开他的时候，顺便向他声明说，这决不会使我心满意足，我将同我的朋友们一起考虑我要采取的步骤；毫无疑问，我将被迫提请法庭进行调查。哈尼告诉我，沙佩尔准备让他的人指控我侵吞了大磨坊街的钱财，并企图以此相威胁；我当即声明，果真如此，那我就更有理由通过公开的诉讼来彻底终止这群畜生的诬陷行为。

　　致以友好的问候。

您的　康·施拉姆

手稿　　　　　　　　　　　　　　　　　　　　　　　第一次发表
莫斯科苏共中央马列主义研究院
中央党务档案馆，f.1，op.1，d.414

卡尔·马克思（伦敦）给
弗里德里希·恩格斯（曼彻斯特）的信

1851 年 2 月 26 日

1851 年 2 月 26 日于伦敦

亲爱的恩格斯：

在皮佩尔和施拉姆①的信中，我让当事人亲自把事实②讲

---

① 康·施拉姆。
② 指 1851 年 2 月 24 日为纪念法国 1848 年二月革命三周年在伦敦举行的国际会议。会议的相关记录以《平等者宴会》为标题发表在 1851 年 3 月《人民之友》报第 14、15 号上。宴会的组织者是路·勃朗领导下的一部分法国小资产阶级流亡者，布朗基流亡者协会的首领巴泰勒米、亚当以及维利希—沙佩尔集团的人。马克思和恩格斯为了了解情况，派自己的拥护者康·施拉姆和威·皮佩尔去参加宴会，但是，他们被逐出会场，并遭到维利希和沙佩尔拥护者的毒打。监狱中的奥·布朗基在寄给"平等者宴会"的祝酒词《人民要警惕》中揭露了路·勃朗和法兰西共和国临时政府其他成员的叛卖行径。所以宴会的组织者故意压下了这篇祝酒词，没有在宴会上宣读。尽管如此，这篇祝酒词仍然在 2 月 27 日《祖国报》第 58 号上及其他许多法国报纸上发表。3 月初，马克思和恩格斯把这篇祝酒词译成了德文并写了按语（见《马克思恩格斯全集》中文第 2 版第 10 卷第 630 页）。德译文寄往科隆并印了 3 万份，在德国和英国广为流传，布朗基的祝酒词也刊登在几家德国报纸上。英译文的情况不详。与布朗基祝酒词有关的情况，见马克思 1851 年 3 月 17 日给恩格斯的信、马克思和恩格斯的《流亡中的大人物》（《马克思恩格斯全集》中文第 2 版第 11 卷第 277—407 页）、马克思的《高尚意识的骑士》（《马克思恩格斯全集》中文第 2 版第 12 卷第 557—591 页）。

给你听。这样最便于你自己作出判断。200名"兄弟协会"①暴徒把他们建立革命功勋的欲望发泄在两个单独的个体身上,这是不可思议的无耻行径;"亲爱的"②、朗道夫、路易·勃朗等人对此袖手旁观,嘴上背诵着关于博爱的空话,这是不可思议的无耻行径。

施拉姆同哈尼谈话中还有一个情节:哈尼强调说,沙佩尔是他的"老相识",在我们逗留布鲁塞尔时期,他同沙佩尔之间的关系是非常密切的。

附带提一下:路易·勃朗先生及其同伙在开会的**前一天**就把关于会议的**整个报道**③寄给了一家巴黎报纸。

诉讼会毁掉路·勃朗。你可以想象,这对于《泰晤士报》来说是多么合胃口,特别是因为巴泰勒米这个"苦役犯""杀人犯"等等以被告和教唆谋杀者的身份出现。正是巴泰勒米

---

① 民主派兄弟协会是宪章派左翼代表人物(乔·哈尼、厄·琼斯)和革命流亡者(正义者同盟盟员等)为了在各国民主运动之间建立密切的联系而于1845年在伦敦成立的国际性民主团体。马克思和恩格斯参加了1845年9月22日各国民主派会议的筹备工作,这个协会实际上就是在这次会议上成立的。马克思和恩格斯同民主派兄弟协会保持着经常的联系,竭力以无产阶级国际主义和科学共产主义的精神教育协会会员,特别是教育1847年参加共产主义者同盟的协会的无产阶级核心,并通过协会从思想上影响宪章运动。协会会员在理论上的幼稚观点,曾受到马克思和恩格斯的批评。1848年宪章运动失败以后,协会的活动大为削弱,到1853年协会就完全解体了。

② 乔·朱·哈尼。

③ 《平等者宴会》,载于1851年2月27日《立宪主义者报》第58号。

在这场殴打中指着施拉姆说:"这是个无赖,应当消灭他。"

诉讼只会造成这种不好的结果:哈尼和琼斯筹划的报纸会垮台,① 哈尼和"民主派兄弟协会"会完蛋,《泰晤士报》会兴高采烈,皮佩尔会丧失他的职位(他是高尚的,根本不会在乎这件事),而所有的宪章派②最终还是会把施拉姆等人毁掉。怎么办?明天我要和琼斯谈谈这个问题。朋友哈尼和沙佩尔似乎觉得,事情会平静地过去。哈尼甚至认为没有必要对我们采取必要的步骤并作必要的让步。这样,这头蠢驴就把事情复杂化了。对这种恶劣行为决不能置之不理。

---

① 大约从1850年11月起,乔·朱·哈尼和恩·琼斯就计划根据宪章派新的革命行动纲领共同出版一家周报。1850年12月中旬,乔·朱·哈尼因英国的新闻出版法而不得不停办《红色共和党人》,他把报纸稍加改变更名为《人民之友》继续出版。恩·琼斯虽然不是合作出版者,但仍支持哈尼出版该报一直到1851年春天。由于哈尼越来越接近小资产阶级流亡者,并因此而同马克思和恩格斯一时间关系破裂,琼斯同哈尼的关系也紧张起来,最后导致两人分手。1851年5月3日,琼斯在马克思和恩格斯的支持下出版了自己的周刊《寄语人民》。

② 宪章派是宪章运动的参加者。宪章运动是19世纪30—50年代中期英国工人的政治运动,其口号是争取实行包括要求普选权和一系列为工人保证此项权利的许多条件的人民宪章。英国工人阶级为实现人民宪章掀起了广泛的群众性政治运动,宪章运动出现过三次高潮。由于资产阶级收买工人上层和工人阶级政治上的不成熟,到50年代中期运动终于失败。宪章派的领导机构是"全国宪章派协会",机关报是《北极星报》,左翼代表人物是哈尼、琼斯等。恩格斯在他1892年为《社会主义从空想到科学的发展》写的英文版导言中称宪章派是"近代第一个工人政党"。列宁把宪章运动称作"世界上第一次广泛的、真正群众性的、政治上已经成型的无产阶级革命运动"(见《列宁全集》中文第2版第36卷第292页)。

当哈尼给你来信时，你只要注意一点。你在信中对赖德律和勃朗的理论性批判写得过于详细。哈尼现在硬说我们要求他做我们的尾巴。首先应当向他指出：

1. 问题**完全和仅仅**在于他同沙佩尔和维利希的关系，他已经成为我们的直接的个人的卑鄙无耻的敌人的**追随者**，他在德国面前大力支持他们来反对我们。难道他不是曾经**同我们一起以书面的形式**表示过同维迪尔、巴泰勒米和维利希断绝关系了吗？① 他怎么能够没有我们、**背着**我们和违反我们的意志去恢复这种关系！如果这样做正派的话，那我是无法理解的。

2. 他**背弃了我们**，因为在施拉姆和皮佩尔的事件发生之后，他没有马上在会上予以反击和立刻退出。他不这样做，反

---

① 指伦敦布朗基派的流亡者组织世界革命共产主义者协会。1850年4月中，马克思和恩格斯代表共产主义者同盟与旅居伦敦的法国布朗基派流亡者、宪章派的革命派代表达成了一项有关建立"世界革命共产主义者协会"的协定。这就是当时达成的六项条款的协定（见《马克思恩格斯全集》中文第2版第10卷第718—719页）。协定由奥·维利希起草，马克思、恩格斯、乔·哈尼、奥·维利希、茹·维迪尔和亚当签署。这份协定共抄写七份，每一份上都有七个人的亲笔签名，它们都保存在马克思和恩格斯那里。世界革命共产主义者协会未曾有过实际活动。共产主义者同盟中央委员会分裂以后，布朗基派流亡者倒向维利希—沙佩尔宗派主义一边并企图接近伦敦小资产阶级民主协会，即民主联合会。在这种条件下，马克思、恩格斯和哈尼在1850年10月初认为应当取消同布朗基派的协定。于是，当1850年10月7日巴泰勒米、亚当和维迪尔邀请维利希、马克思和恩格斯参加"世界革命共产主义者协会"的讨论时，马克思、恩格斯和哈尼在1850年10月9日的回信中声明协定早已解除，并邀请他们于10月13日到恩格斯住处烧毁协定。事实上他们并未销毁这些文件。

而竭力向他的朋友们说明整个这件事是无关紧要的小事。

附上德朗克的信。你要给他写信,详细地谈谈这种下流勾当,包括最近的事情。我要往科隆、汉堡等地写大批信件。

请原谅,今天的信没有付邮资。已经很晚了,来不及去买邮票,而这封信今天晚上必须寄走。

你的 卡·马克思

手稿
莫斯科苏共中央马列主义研究院
中央党务档案馆,f.1,op.1,d.412
(《马克思恩格斯全集》德文版第27卷
第206—207页,参看《马克思恩格斯全集》
中文第2版第48卷第210—212页)

威廉·皮佩尔（伦敦）给
弗里德里希·恩格斯（曼彻斯特）的信

1851年5月4日①

[……] 当然，伦敦的缝纫业和制鞋业目前十分兴旺，这使我为埃卡留斯感到高兴，他终于熬过了一个艰难困苦的冬天。鲍威尔的收入也很可观。他刚才到这里来过，告诉我说，纽约的工人联合会表示希望在这里召开一次工人代表大会。这大概就是《纽约先驱报》的告密者们最近在《泰晤士报》大肆叫嚣的原因。汉堡的马尔滕斯已委托莱梅在这里为汉堡人物色一名代表。如果德国和法国的工人（即手工业者）参与这次行动，那么，他们准备在这次代表大会上搞什么名堂呢？是规定各项人权呢，还是就各种协作联合的方案进行辩论？这些愚蠢的行为有什么用处？我打算同马克思交换意见；必须给科隆人写信，让他们尽可能阻止这种愚蠢的举动。

马克思著作②的第一册已经寄到这里。贝克尔的印刷设备没有被没收——当局只是没收了贝克尔的《君主制还是共和制》一书。马克思已经把批判蒲鲁东的著作寄出。目前印刷工作进展得相当迅速。[……]

---

① 原信上的日期误写为"6月4日"，这封信写于星期日，应为"5月4日"。
② 指《马克思文集》。

致以友好的问候。

永远忠实于您的朋友

于星期日早晨

手稿 节录
莫斯科苏共中央马列主义研究院 第一次发表
中央党务档案馆，f. 1，op. 5，d. 371

卡尔·马克思（伦敦）给弗里德里希·恩格斯（曼彻斯特）的信

1851年5月5日

［……］刚才塔普曼①带来米凯尔的信，从信中看出，德国民主派——以及某些共产主义者——由卢格的不来梅的臭小报②带头，正在不知疲倦地对我进行诽谤，而德国庸人和施特劳宾人③对这类东西自然是狼吞虎咽的。这些家伙显然是对我怕得要死，因为他们现在正在采取各种手段，以便使我不能在德国居住。

你的 卡·马·

琼斯昨天作了一次反对合作社运动的真正出色的演讲④，

---

① 威·皮佩尔。
② 《不来梅每日纪事报》。
③ 施特劳宾人是德国的流动手工业帮工。马克思和恩格斯这样称呼那些还受落后的行会意识和成见支配的德国手工业者，这些人抱着反动的小资产阶级幻想，认为可以从资本主义的大工业退回到小手工业去。
④ 厄·琼斯于1851—1852年领导宪章派左翼开展了同英国合作社运动的斗争。当时的合作社大多由所谓的"基督教社会主义"的追随者建立，这些人出身于富人家庭，或者是神职人员、律师等，他们想借建立合作社来抵制革命运动。

他在演讲中公开攻击了他自己的听众。他对我说,同哈尼合伙出版报纸的打算大概不会有什么结果,因为无法同他的妻子打交道。他暂时将以自己的力量出版一个杂志①。

手稿 节录
莫斯科苏共中央马列主义研究院
中央党务档案馆,f.1,op.5,d.442
(《马克思恩格斯全集》德文版第 27 卷
第 247 页,参看《马克思恩格斯全集》
中文第 2 版第 48 卷第 261—262 页)

---

① 指 1851—1852 年在伦敦出版的宪章派机关刊物《寄语人民》周刊,它的主编是厄·琼斯。由于哈尼转入小资产阶级民主派阵营,这个刊物——宪章派中的革命的无产阶级的喉舌——的出版,就具有了特别的意义。马克思和恩格斯曾经支持这个杂志,参加该杂志的编辑和出版工作,并且从 1851 年 6 月到 1852 年 4 月在这个杂志上发表了许多文章。

约瑟夫·魏德迈（威廉斯堡）给弗里德里希·恩格斯（曼彻斯特）的信

1851年12月1日

1851年12月1日于纽约威廉斯堡

亲爱的恩格斯：

根据你的指示我把写给英国的信寄给你，即使这封信至少大部分是直接写给马克思的。[……]

协会这一组织分裂了。有一个"社会主义体操协会"，在该协会，为了教育会员还朗诵了席勒的《钟之歌》。这里存在的"德意志民主协会"按其现实表现来说完全是小资产阶级的，并且同海因岑保持联系。我在这里应采取什么态度，我还不清楚。

这里的德文报刊是真正的污水坑。[……]因此，马克思建议出版小册子的事不得不暂时搁置下来，以便为一家周刊① 让路，无论如何周刊将会更好地为我们的事业服务。赖希黑尔姆决定，冒着风险为这件事提供数百美元，这当然是在你们能给我以所许诺的支持的条件下。但这种支持包括：你们，特别是你和马克思，随最近一班轮船把文章寄来，你们的名字在这

---

① 《革命》（纽约）。

里是人们所熟悉的。如果弗莱里格拉特手头有一首现成的诗，那就太好了，因为问题完全取决于第1期（准备1月初出版）版面是否出色。这里的人们不再轻信诺言了，他们已经多次受骗。可是，在我写文章维护你们的声誉时，如果能够指望得到弗莱里格拉特的合作，这对我是非常可贵的。关于法国的状况，德朗克肯定有足够的材料。我希望这个刊物能够吸引读者，然后可以利用一切有利机会加以扩充。第1期应当按一印张的篇幅出版。[……]

关于每周政治事件的简短评述将不断补充来自欧洲的报道。请尽快地把文章寄来，以便第1期能尽早出版，并且在本月内就可以作出版预告，因为材料没有掌握在我手中，我是不敢作出版预告的。[……]

手稿
阿姆斯特丹国际社会史研究所
马克思恩格斯遗著 L IX 242/L 6321

节录
第一次发表

威廉·皮佩尔（伦敦）给
弗里德里希·恩格斯（曼彻斯特）的信

1852年1月14日

［……］你知道施泰翰公民的事情吧。总之，他退出了磨坊街①（这是一个值得保留的名字）。由于那里的专制主义禁止"持不同观点者"发表意见，他对此很气愤，当我急忙赶到他那里时，他怀着对这些"共产主义者"的厌恶心情正想投入梅因—陶森瑙集团这个深渊，我作为"同乡"和朋友警告他不要充当民主派集团的工具，劝他不要损害工人的独立及其真正的利益，等等。一句话，我好言劝说我的施泰翰，直到他同意靠自己的力量建立一个新的但也是完全独立的施特劳宾人的协会。我们甚至立即可以制定章程。为什么不这样做呢！有墨水和钢笔，他来执笔，由我口授，其内容当然是那些我想写入的，并且和马克思事先说定的东西。事情已经安排妥当，我们把我们同盟盟员，即工人，派进去进行监督，任何民主主义者和参加其他政治协会的骗子都不允许加入。［……］

手稿 节录
莫斯科苏共中央马列主义研究院 第一次发表
中央党务档案馆，f.1，op.5，d.449

---

① 大磨坊街是伦敦工人教育协会所在地。

厄内斯特·琼斯（伦敦）给弗里德里希·恩格斯（曼彻斯特）的信

1852年1月16日

1852年①1月16日于伦敦贝沃特区
莫斯科路哈德威克旅馆

(私事)

我亲爱的恩格斯：

　　昨天晚上我在马克思那里。他大概会把我们交谈的一些内容写信告诉你。我向他分析了《寄语人民》的情况，以及哈尼和我之间的关系。哈尼出版了一种新刊物（《人民之友》）——价钱是 **3 个半便士**。所有"笨蛋"，卢格、豪格、路易·勃朗等等都支持他。这是针对我的。他退出了**报纸**②，以便能够做这件事。三星期之前，我请求他和我共同办好《寄语》。我这样做纯粹是出自对他的友谊，因为《寄语》每周都在发展，已经不再负债。他拒绝了这一请求，他说，"因为它攻击了合作社员③和工联。我没有这样做。因此，我同他们相处友好。关于合作社运动和工联，**我的看法同您一样，但**

---

① 原稿中是1825年。
② 《寄语人民》（伦敦）。
③ 合作社运动的成员。

我认为，发表自己的观点不是政治问题。因此，我不能同《寄语》打任何交道。"

就在他这样说的时候，他已经付印了他的传阅信（随信给你寄去一份）！

我对你说，这与其说是针对我的，倒不如说是针对我们的。沙佩尔、维利希、路易·勃朗、汉特、侯里欧克、弗莱明、雷诺，所有这些人都会支持哈尼，以便打垮我们。英格兰的《北极星报》《雷诺新闻》《先驱》和苏格兰的《哨兵》都会帮助他。

此外，让马克思告诉你，这里的面包藏着什么样的卑鄙祸心，我为什么被朱利安先生①**的美妙的传阅信（我把它随信寄去）骗走了大约15便士。**

从这封传阅信中你可以看出，国外的事情将会在哈尼的报纸中起主要作用。人民要求这样。**我也必须有这种内容，否则我就要垮台。**

除了你没有别人能够帮助我。你能**每周**给我写一封信吗？以"我们的外国通讯员"，或者是以"流亡者来信"的名义，或者用随便一个化名，用以与哈尼的《人民之友来信》② 相抗衡。

你了解《寄语》，按它的篇幅至少写一页，或者最多两页（最低限度和最大限度）。为了兄弟情谊请这样做吧。

---

① 哈尼。
② 根据所提到的哈尼的传阅信，《人民之友来信》栏应位于新创办的报纸的上端。

我听说，由于我在曼彻斯特时没有去拜访你，你生我的气了——我连睡觉的时间都没有，或者说几乎没有。写信！写信！写信！写信！

你的　厄内斯特·琼斯

手稿　　　　　　　　　　　　　　　　　　　第一次发表
莫斯科苏共中央马列主义研究院
中央党务档案馆，f. 1，op. 5，d. 451

威廉·皮佩尔(伦敦)给
弗里德里希·恩格斯(曼彻斯特)的信

1852年2月6日

［……］宪章派在议会开幕那天举行了集会。我还从来没有听到过更加反动更加富有叛卖性的演说。如果党不把它的执行机构清除出去,整个党就是个清谈馆。我立即给琼斯寄去一篇文章,揭发了这帮家伙。亲爱的朱利安①和夫人也在场,这个家伙完蛋了,所有无足轻重的空喊家,一旦脱离运动都是如此下场。［……］

［……］我的施泰翰打开了局面。② 我们的协会大有起色。不过,需要把几个钻进来的家伙清除出去。维利希先生想从正面把我们搞垮,他曾试图利用我们协会的一个人③当奸细。祝他成功。在"阵营"中爆发了新的争吵,是由于钱的问题。很难就钱的使用取得一致意见,而他们又不愿在众多的流亡者当中分发这笔钱。如何是好!［……］

手稿　　　　　　　　　　　　　　　　　　　　节录
莫斯科苏共中央马列主义研究院　　　　　　　第一次发表
中央党务档案馆,f.1,op.5,d.463

---

① 朱利安·哈尼。
② 指伦敦新的工人协会。
③ 法尔克。

约瑟夫·魏德迈(威廉斯堡)给弗里德里希·恩格斯(曼彻斯特)的信

1852年2月9日

[……]美国这块地方对人的腐蚀性相当厉害,同时还让人傲慢,似乎这些人在远处看不到自己"旧大陆"的同志们,而且为了不使他们完全从自己的眼界里消失,又必须去束缚他们的革命热情。事实上,我是几天前在我们最好的协会,即社会改革协会听到这种议论的。不过我也发现一些非常能干的人,其中有个叫施坦道的,他和你在瑞士一起待过。为了在这里取得影响并掌握各协会,唯一的途径是把同盟的组织移植到美国的土地上,我已经为此和克路斯商定好必要的措施。关于格纳姆和席克耳的下落,我将去打听一下,新近我收到罗特哈克尔的一封信,他在信中怀着极大的热情讲到马克思。他曾在《弗吉尼亚州报》工作过,现在想去匹茨堡,在那里他可能对我们有用处。但愿他不要用写诗给我添麻烦。施坦道要我问候你。[……]

手稿
莫斯科苏共中央马列主义研究院
中央党务档案馆,f.1,op.5,d.465

节录
第一次发表

约瑟夫·魏德迈（布鲁克林）给弗里德里希·恩格斯（曼斯彻特）的信

1852 年 6 月 17 日

［……］一件对我来说无比重要的事情是，有三名同盟成员到达这里，他们属于被法兰克福驱逐出来的人，都很热情、积极、有才干。其中一个叫舒勒姆堡的还是我在的时候被吸收的，另外两人是后来加入的。他们在这里很快找到了工作，暂时都定居下来。这样我们就有了个五人支部，因此请求你们把通报等等定期告知我们。我说，要发展整个组织，对我来讲人员是无比宝贵的，因为我在这里所缺少的就是这一类在各方面靠得住同时又具有必需的宣传热情的成员。眼下的酷暑似乎叫人活不成，对任何活动无疑都极其不利。［……］

手稿 节录
莫斯科苏共中央马列主义研究院
中央党务档案馆，f.1，op.5，d.515

恩斯特·德朗克（伦敦）给弗里德里希·恩格斯（曼彻斯特）的信

1852 年 10 月 27 日

1852 年 10 月 27 日于伦敦

索霍区旧康普顿街 30 号

亲爱的恩格斯：

你的信我立即交给 vénérable père① 了，虽然碰上英国的这种鬼天气医生禁止我外出；前天我曾猛烈咯血咯醒了，有一阵子甚至感觉出一场大咯血的一切前兆（我旁听过医学课所以还记得）。抽烟喝酒得停一段时间了，你可以想象，如此境遇，置身在头脑简单的小旅店客人和古老英国的塔式建筑物之间，我扮演着什么角色。

关于施梯伯抛出的所谓"记录"以及其中记载的全部事实，你大概已从马克思的报告中看出，这桩把戏不外是密探希尔施制造的可怜的警察骗局，而且幸亏是十分**拙劣**、十分**愚笨**的骗术，以致警察当局将在可怜巴巴的德国庸人中间大丢其丑。昨天我收到一封信，邮戳的地址是"康希尔"（缺德的是没贴邮票），这封信是施奈德第二通过一家银行转寄的。施奈

---

① 可敬的家长（即卡尔·马克思）。

德告诉我,他在头一天已经用马克思的地址给我寄来一封信,为保险起见他再次写信,要求得到李卜克内西和林格斯的经过公证的笔迹,因为几乎全部"记录"都由这两个人签字,而且在科隆没有人不怀疑它是伪造的。施奈德寄给马克思的信没有到,这件事证明,普鲁士警察当局正千方百计地阻止被告获得辩护材料。李卜克内西和林格斯的签名以及我们这里的酒店老板的证词,即自从希尔施离开以后集会都改在星期三举行而且从来没有使用过笔和墨水作"记录",今天在市政厅通过公证。如果我们能筹措到一笔钱,我很赞成派一名真正的**信使**把证明材料带到科隆去。

我觉得,科特斯新近的被捕与通过信使递交给施梯伯先生的记录,情况有所不同。这里是我的猜测。

在科特斯被捕前大约三星期、**至多**不过四星期,当贝尔姆巴赫又有很长时间没有写信的时候,家长马克思写了一封急切的短信给贝[尔姆巴赫],希望得知有关审判的消息,他拿着这封信到**班迪亚先生**那里,要他写个寄给科特斯的信封,"以便在地址上出现一个不被怀疑的笔迹"。这番话是马克思从班迪亚那儿来时亲自对我讲的,当我第二天去看班迪亚时,他也是这样对我讲。至少我现在还完全清楚地记得,班迪亚当时对我说:"昨天马克思也来过;我为他写了一封给**科隆被捕者**的信的地址,以便和他平常的手迹不同。"当时的、由班迪亚书写地址的**那封信**,马克思本人拿到邮局发走了,所以,警察当局决不可能及时地从班迪亚那里得到报告来截获它。相反地,马克思从那以后,即从班迪亚知道地址以后寄往科隆的**第一封**

信,却被警察在科隆截获了,而且如施梯伯所吹嘘的那样,是"通过信使的提示"。这封信导致了科特斯的被捕和 24 小时后贝尔姆巴赫的被捕。(班迪亚只知道"科特斯"这个信封外面的地址,据此看来,警察并没有拆开以往的信件,所以,当他们在信封里发现的是一封写给暗号 B 的信时,事情就复杂化了,因为这个 B 可能指毕尔格尔斯或贝克尔。逮捕科特斯和逮捕贝尔姆巴赫之间相差的 24 小时就是这样产生的。)

对班迪亚的怀疑当然不可能仅仅限于这些证据,这个家伙其他一些模棱两可的表现也值得怀疑。

小册子①的事被彻头彻尾的谎言搅乱了。开始时他说,柏林的书商是前《立宪主义者报》承印人,他每天都在等待着小册子。后来说,书商想到米迦勒节时才把东西寄出(尽管书商的节日大抵上与办理支付有关,而与寄送东西无关);同时他把署名"F. W. 艾泽曼"的所谓书商的信件(没有邮戳)拿给马克思看,信中急切地请求"转来**克路斯**的信件",可是马克思并没有把信交给班迪亚。最后,当米迦勒节过完了,他声称,"**那个人死了**",而没有进一步说明,"**那个人**"是谁,当事人的死会在多大程度上使这部从那些所谓的来信看早已**印好的**作品化为泡影,或者手稿到底命运如何,我到一个德国书商那里了解到:1.《立宪主义者报》的承印人和后来的所有者是特罗维奇,这个人我很熟;2. 所谓的书商艾泽曼,我在书商名单上找了一遍,**根本就没有这么个人**。可见,马克思从班

---

① 卡·马克思和弗·恩格斯《流亡中的大人物》。

迪亚那里拿到的信，都是伪造的。

此外还有，在维利希—金克尔阵营里以及在德国天主教搞得乌七八糟的革命鼓动中，到处都在讲"班迪亚把小册子卖给警察了"；维利希已要求某些人在美国的报刊上利用这件事，泽尔菲从巴黎写给马克思本人的信报告说，席梅尔普芬尼希或其他人已就此事写信给巴黎（致赫尔弗—黑弗纳尔）。

据此看来，疑点越来越大，而对于我和鲁普斯①来说，如下几点几乎是确定无疑的了：

班迪亚打着骇人听闻的秘事的幌子把手稿卖给了警察局，从柏林专程赶来接收手稿同时付款的所谓代理人就是警官施梯伯或这里的大使馆；

书商那么急切要求看到的克路斯信件，是班迪亚确定给警察过目的，正如别人告诉他要他在报纸上传播的所有消息，他没有寄给报纸（因为在任何报纸上都找不到有关材料），而是作为流亡者的编年史寄给了警察；

施梯伯在证词中说，马克思曾向一个"**警探**"道出舍尔瓦尔那件伪造期票的机密，这个警探就是班迪亚先生；

最后一点——三星期前班迪亚写了科特斯的通讯地址，在此之后发给科特斯的**第一封**信被警察采取严密措施给截住了，这个事实可以归结为班迪亚的告密。

鲁普斯完全同意我的看法。相反，马克思对此充耳不闻，因为班迪亚跟瑟美列及科苏特搞了那么多阴谋诡计，因此不可

---

① 威廉·沃尔弗。

能是间谍。当然啰，即使我们掌握了班迪亚与警方有牵连的**书面**证明，他仍然可以靠谎言在瑟美列的圈子里继续鬼混，特别是，如果我们不亮出我们的证据的话！马克思最近由于我不相信班迪亚而对我大发脾气，甚至责备我把事情告诉了鲁普斯。似乎有人在他最要好的朋友中间讲述这些怀疑理由就是另有图谋，似乎在这些熟人中间有理由对班迪亚先生的任何怀疑守口如瓶，而不是把这个家伙的来历弄个水落石出！显然，受这个斯拉夫人的愚弄是异常尴尬的，但是，**我们两人之间说说**，我们至少要考虑采取措施使这个家伙无法再为非作歹，至少要提防发生一次公开的丑闻。

我已把事情详细地通告给你了，明天我还要对马克思说，我把一切情况都写给你了，来信谈谈，你有什么好主意。对班迪亚采取无动于衷的观望态度，在我看来是行不通了，因为：1. 由我和马克思夫人书写的手稿，有朝一日会给人提供机会，制造像布朗基遭遇过的那类事件，特别是如果那群狗说，马克思的内兄①当时身为大臣；2. 那帮家伙现在就要在美国报纸上发出狂吠了，对此我们必须亮出小册子来；3. 我认为，我们无论如何必须知道，我们怎样对待班〔迪亚〕先生。我这方面打算在最近几天给班〔迪亚〕写信，告诉他：由于这样和那样的原因我把他看成是间谍；而且为了使这份已提供给警察的手稿日后不致成为比方说证明我共谋的材料，我将把我的申诉理由的声明寄给他所有的匈牙利朋友。

---

① 斐迪南·奥托·威廉·冯·威斯特华伦。

这就是我要对你说的，我非常高兴，现在都讲出来了！鲁普斯向你问候。我还有个请求：**如果你手头方便的话**，借给我10先令！一个月来，我一直等着从美国寄来那笔倒霉的钱，我住在客店里，眼下正赶上身体不适，拮据的处境使我倍感难熬。

你的 恩·德朗克

施特龙又去布拉德福德了吗？骑士格奥尔格①还没有从柏林的表弟或内弟那里收到有关班迪亚的那位"死者"的消息吗？

手稿 第一次发表
莫斯科苏共中央马列主义研究院
中央党务档案馆，f. 20，d. 63

---

① 格奥尔格·维尔特。

约瑟夫·魏德迈（纽约）给弗里德里希·恩格斯（曼彻斯特）的信

1853年1月12日

1853年1月12日于布鲁克林

亲爱的恩格斯：

随信寄去圣路易斯交给我的一个小纸条，请转交给普鲁斯①。

你提出救济科隆人的那个请求，克路斯已把它寄给我了，我已把这件事提交给体操协会，而该协会已委托理事会和主席团去办理这件事，这样一来，它也就成了体操联合会的事。我曾提议任命一个特别的委员会，但已被否决。我希望，将会出现某种井然有序的情况。对此，克路斯将会写得更多一些，同样，我们准备在下周寄出的同盟报道②中将包括一些细节。同各协会的谈判还没有结束。

向你致意。

你的 约·魏德迈

手稿　　　　　　　　　　　　　　　　　　　第一次发表
莫斯科苏共中央马列主义研究院
中央党务档案馆，f.1，op.5，d.607

---

① 威廉·沃尔弗。
② 这个报道没有保存下来。

威廉·李卜克内西（伦敦）给
弗里德里希·恩格斯（曼彻斯特）的信

1853年1月19日

1853年1月19日于伦敦

亲爱的恩格斯：

我务必请你帮个忙，你能不能**暂时**借给我1英镑？

下星期一，我将在一个德国商人（**舒特**，奥本海姆公司）家里担任教师，这是一个肥缺，为此，我务必从当铺里取出我的大衣。除此之外，我还要购置一些衣服。情况紧迫，而你是会帮我这个大忙的，况且我在伦敦就根本搞不到钱。

你已听到了乌尔默的事。我一得知谢特奈尔的闲言碎语，就去质问乌尔默。他当着皮佩尔的面声明说，他从来没有发表过上面提到的那种对我的意见。流言蜚语来自一个名叫**德林**的人，他同乌尔默在一道住了很长一段时间；有一次，他在隔壁房间里听到，我怎样向乌尔默借了1先令。德林目前不在伦敦。

四年来，我同乌尔默一直过从甚密，我们相互帮忙，但如果我们对此作一番总结，那**他**是应对我感恩图报的。

请原谅，我对你说了这一大堆琐事。你已听到了流言蜚语，也一定了解事情真相。

星期一两点钟，我开始上课。因此，劳驾，如有可能，请你**至迟**在星期一早晨把钱给我。也许两个星期内我就可以把钱还给你。到那时我将会从科塔那里弄到钱的。

你的
威·李卜克内西
索霍广场，教堂街 14 号

手稿
莫斯科苏共中央马列主义研究院
中央党务档案馆，f. 1，op. 5，d. 609

约瑟夫·魏德迈（纽约）给弗里德里希·恩格斯（曼彻斯特）的信

1853年5月2—6日

［……］这里的工人运动还处于一种很低级的阶段，创建一个独立政党的必要性，正在为自己开辟道路，但进展非常缓慢。但是，下一次危机将在这里起巨大的促进作用，并要求采取共同的行动，而在目前，几乎普遍要求提高工资的呼声都是同这种行动相抵触的。［……］遗憾的是，我的时间很有限，以致我很少能亲自去关心一下工人集会。我作为《刑法报》（对于这里的广大居民来说，它在代表着海外骑士小说和强盗小说的时期）的业务领导人，必须从早晨9时到晚上6时这段时间上班，而且路上往返几乎还要花去两个小时。因此，别的工作，我只有利用晚上时间、早上时间和星期天去干。我越是要在《改革报》编辑部里监督克耳纳，并且越要通过插入我们的文章的办法来限制他，别的工作也就越迫切需要。［……］

我对这里的工人运动越来越感兴趣了，以致在爆发新的革命时是否应当回到欧洲去，我本人还没有把握；由于在这段时间我没有钱，这个问题并不取决于我的考虑。在海外，像我这样一个微不足道的人是无关紧要的，而在这里，我们党的代表机构是举足轻重的，而这项任务在这里可惜只有我和克路斯才能胜任，因此，我也根本不想劝说，让克路斯再回去。克耳纳希望自己成为一个了不起的人物，足以在海外扮演重要角色，并给我们让位。

我已作了多次尝试，旨在使移居到这儿来的同盟盟员再次在这儿联合成一个支部，但枉费心机。然而，这个支部的历史无非是一连串解体直至彻底崩溃的过程。在这里，诚然也像在海外一样，也存在紧密联合的必要性，但这种联合在这里是完全由这儿出现的各种因素新形成的，这些外来的因素至少适合于建立这样一种联合的最初核心。他们抱着欧洲的高傲态度，通常都瞧不起这里的工人运动和党派斗争，而不愿花什么力气去了解这些。不仅如此，这个同时有着非常紧密的社会交往的小圈子里的各个人，其恶劣的物质状况导致了令人厌恶的无休无止的人身摩擦，从而必然一会儿使这个退出，一会儿又使另一个退出。[……]

利埃夫尔给科隆人附来一张125美元的期票，这是在他家里举办的一次舞会的收入以及其他一些捐款。我把它寄给你，因为我们无法找到弗莱里格拉特的通讯地址①。[……]

又及，1853年5月6日

利埃夫尔还没有把他的期票准备好，因此，我不得不把信搁下。在这期间，我从克路斯那里获悉：马克思曾为《改革报》撰文操劳。今天，我还从克耳纳那里得知，皮佩尔的一

---

① 1853年5月20日，恩格斯把这笔捐款寄给马克思，然后转交救济科隆被判罪者委员会的司库斐迪南·弗莱里格拉特。

篇文章已经到了。[……]

手稿 节录
莫斯科苏共中央马列主义研究院 第一次发表
中央党务档案馆，f. 1，op. 5，d. 644

弗·莫拉致弗·恩格斯

伦　敦

1871年8月17日于里斯本

亲爱的恩格斯：

两三天后我们将去马德里，从那里再转到瓦伦西亚。为了研究当前存在的问题和选举联合会委员会，那里将召开全国代表会议。会议将于9月10日召开，它还将讨论代表我们参加伦敦代表会议的人选问题以及该全国联合会向总委员会上缴会费的事宜。

因此，请你将所有与伦敦代表会议相关的资料寄给我，以便更好地对此进行准备和向瓦伦西亚代表会议进行通报。

请不要往葡萄牙再寄任何东西；我的地址：费德里科·门多萨或者弗朗西斯科·莫拉，库斯托-圣多明戈2号，商店，马德里，或者更有把握一点，地点不变，名字用阿基莉娜·戈梅西，这是我弟弟妻子的名字。我弟弟①是联合会委员会委员。

不要忘记我在给你的最后那封信中说的有关向在里斯本成

---

① 名为安赫尔·莫拉。

立的支部致呼吁书一事。

你的　莫拉

首次发表　　　　　　　　　　　　　　　按照手稿的影印版刊印
原文为西班牙文

弗·莫拉致弗·恩格斯

伦 敦

1871年8月24日于马德里

亲爱的恩格斯：

我和洛伦佐到达这里之后，之所以默默无闻，就是为了筹备瓦伦西亚代表会议的各项工作。莫拉戈留在了里斯本，因为他推卸掉了一个联合会委员会委员应尽的责任。

静候这件事的结局。

你的 莫拉

首次发表

按手稿的照相复制本印制
原文为西班牙文

威·李卜克内西致弗·恩格斯（节选）①

伦 敦

1871年9月8日于莱比锡

亲爱的恩格斯：

感谢赞同！这件事不会给你们增加任何负担；最主要的目的是希望你们尽可能向年轻的社会民主党员传播一点精神。请告知你和马克思名字的全称。

你将收到委托书。可能还会有人去。

宣言已于1866年发表，当时我将此事写信告知了马克思，他可能是忘了。但是我们需要尽快得到前言……

关于为公社战士捐款之事，我已写信给《工人辩护士报》（芝加哥）。在德国未必有很大的成效，不过，让我们试试看。如果你们能发表一项普遍的呼吁书，那再好不过了。

我的妻子和我向你、向你的夫人和马克思及其全家致以衷心问候。

你的 威·李

该文第一次用俄文发表是节选，发表在《第一国际和巴黎公社文件资料》（莫斯科1972年版）一书

根据手稿印制
原文为德文

---

① 信是用《人民国家报》编辑部的公文笺写的。信封上的地址为：伦敦西北区瑞琴特公园路122号，弗·恩格斯先生。

约·黑尔斯致弗·恩格斯

伦　敦

1871年9月11日（星期一晚）于伦敦
圣彼得大街51号

亲爱的恩格斯：

现给您寄去一份工作报告。我个人认为，这份报告将对您编制平衡表有所帮助。假如您采用的是哈里斯按照我的模式记录的账本，那我认为，您会得到您所需的所有情况。没有想过您会处理我的账本，它是个人性质的。我经手账本是在哈里斯放弃管理它之后。我将所收到的支付给流亡者的资金和剩余资金一起记在收入项下。假如您能够在明天晚上7点半带着准备好的方案来到总委员会的驻地，那我认为，在总委员会会议开始前，我们能够完成这项工作。我将到那里去，假如您有可能，请来一趟。

我还有一事相求：在我难以参加白天会议①的情况下，如果您能在这些会议上承担起书记的职责，我将不胜感激。

致兄弟般的敬礼！

约翰·黑尔斯

首次发表

按手稿刊印
原文为英文

---

① 指伦敦代表会议的白天会议。这里指的是英文的会议记录稿。

威·李卜克内西致弗·恩格斯①

伦 敦

1871年9月12日于莱比锡

亲爱的恩格斯：

请你关照一下，让法国人给我寄几份巴黎被围期间和公社时期的报纸，什么都行。瓦扬遗失了他所有的报纸，而我们这里只有几期。

我现在忙于整理我作的关于公社的报告，这个报告根据决议是应该发表的，但是很遗憾，没有速记下来。当我一结束这个工作，我想立即开始研究公社的历史，不管怎样，要预先做些必要的研究工作。当然，如果你们准备出版这个历史，随后把它译成各种文字，那是最好的。

我现在只有《科隆共产党人案件》和《高尚意识的骑士》两篇文章②。请你关照一下，将那些在我旅行、避难和家中被搜查时等遗失的资料提供或暂借给我。

---

① 信是用《人民国家报》编辑部的公文笺写的。信封上的地址为：伦敦西北区瑞琴特公园路122号，弗·恩格斯先生。
② 马克思的《揭露科隆共产党人案件》和《高尚意识的骑士》（分别见俄文版《马克思恩格斯全集》第2版第8卷第423—491页和俄文版《马克思恩格斯全集》第2版第9卷第497—527页）。

附上委托书。我希望深秋同你们会见。很遗憾,这在现在是完全不可能的。

请赶紧寄来《宣言》的序言!

燕妮感觉好点了吗?希望她的病没有大碍。

根据"协议",你们下一周就要担负教父的使命。施土姆普弗答应过来。

似乎麦克斯·希尔施在工会中指责你们没有及时宣布纽卡斯尔罢工。而且他的指责是有根据的。假如在这种情况下你们抽不出时间,那就请给我们寄封哪怕只有一行字的信,同时附上相关剪报,事情也就好办了。为了更好地了解英国事件的进展情况,我超负荷地工作。从下一个季度开始,我又可以让埃卡留斯成为"有偿记者"。他作为国际的书记,能够随时随地发来各种报道。一旦我们具备了实力,一旦我们有了支付能力,到时候(也就是下个季度)他一定会得到报酬。可见,他实际上是低估了我们的能力。

我们的审判案的情况是严重的——想要我们完全服从。

问候你、你的夫人及马克思一家。

你的　**威·李**

请把附信转给列斯纳。

你委托的事将在最近办到。我们不能把事情早点办好,因为宣言①的第一个版本只印了一千份,马上分发完了。由于印

---

① 马克思《法兰西内战》。

刷所这个期间很忙,加印拖了很长时间。我们必须筹备自己的印刷所。

该文首次用俄文发表是节录,发表在《马克思和恩格斯档案》〔莫斯科1932年版,第1卷(6)〕一书 首次发表全文	根据手稿发表 原文为德文

威·李卜克内西致弗·恩格斯（节选）

伦　敦

1871年9月13日于莱比锡

亲爱的恩格斯：

……很明显，您还不十分清楚为什么我们不参加代表会议。我们不经法庭批准，无权离开莱比锡。然而，我们不可能获得参加国际工人协会伦敦代表大会的旅行许可①。如果我们隐瞒旅行的目的，加上最后又被发现（如果出现这种情况，为此要付出千倍的代价），那我们马上又被投进监牢，起诉的卷宗也会明显地变厚。深秋的时候，为了处理一些个人的事情，我将给自己办理赴伦敦的事务性旅行许可。到时候，我详细向您汇报德国党的情况。

我们已经无法提供新的委托书了。然而，无论出现什么情况，你都要代表我们出席会议。

向在伦敦的所有党的同志致以由衷的敬礼！

你的　**威·李**

首次用俄语发表是节选，刊登在《马克思和恩格斯档案》〔1932年莫斯科版第1（6）卷〕	按手稿的照相复制本刊印 原文为德文

---

①　恩格斯在下面加上了着重线。

弗·莫拉致弗·恩格斯

伦　敦

1871年9月13日于瓦伦西亚

亲爱的恩格斯：

我的同志洛伦佐将向你转达我的敬意。就像你了解的情况一样，这位同志是联合会委员会第一届委员并当选我们国家的伦敦代表会议的代表。请你努力照顾好他，以及要解决他的各种问题。

针对我们的代表会议，我们现在有许许多多事情要做，而且我也希望更多地做些有益的事情。

我很匆忙，趁着寄这些文件的机会给你写这几句话。

向所有的同志敬礼！向你致以最良好的祝愿。

敬礼和社会解放。

你的　莫拉

首次发表

按手稿的照相复制本刊印
原文为西班牙文

威·李卜克内西致弗·恩格斯①

伦 敦

1871年10月23日于莱比锡

亲爱的恩格斯:

麻烦你尽快给我们寄来:(1)对有关埃尔皮金声明的答复;(2)关于代表会议的报告或者哪怕是会议作出的决定。实际上我是打算下周去伦敦的,同时办一点私事,但是没有获得批准。

向你和马克思致以忠心的敬礼!

你的 威·李
1871年10月23日于莱比锡

左尔格从纽约给我来信说,你们还是应该给他们那里经常给你们写信的国际成员回信,哪怕是偶尔的,过去这些信件都无人问津。

你们答应给我们的载有总委员会会议报道的那几期《东

---

① 信是用《人民国家报》编辑部的公文笺写的。信封上的地址为:伦敦西北区瑞琴特公园路122号,弗·恩格斯先生。

邮报》还没有收到，现在都已经过去 7 周了。

原文首次发表是节选，刊登在《德国工人运动史论文集》柏林 1964 年版；	按手稿刊印
首次用俄语发表是刊登在《马克思和恩格斯档案》〔1932 年莫斯科版第 1（6）卷〕	原文为德文
首次全文发表	

彼·拉甫罗夫致弗·恩格斯（节选）

伦 敦

1871年10月26日于巴黎

亲爱的恩格斯：

我很久都没有收到来自伦敦的任何消息了。就像你十分了解的一样，巴黎没有一点让人感兴趣的新闻。况且我住的又很偏僻，这样只能通过报纸了解当前的事件。您能否告诉我，《激进党人报》第6期（1871年10月20日）有关伦敦代表会议的报道是可靠的吗？这一报道是从维也纳的《新自由报》转载的。有朋友问我有关这一问题，而我也不清楚这篇报道是捏造的还是属实的。

向大家敬礼！

彼·拉甫罗夫

根据《马克思、恩格斯与革命的俄罗斯》　　根据手稿审定
（莫斯科1967版第218—219页）印制　　原文为法文

卡·帕拉迪诺致弗·恩格斯

伦　敦

1871年11月13日于那不勒斯

公民恩格斯：

我已收到您今年7月给我的来信。我现在正收集资料，以便更好地回答您提出的所有问题。政府表现出的束手无策的抓狂或者凶残的仇视态度已昭然天下，它除了让我们感到担心，什么也没得到，而这一切反而促使我们倍加努力地去宣传我们国际的原则。

同这封信一道还给您寄去一份详尽的报告。这份报告是在我们处于特殊情况下起草的，我们是尽一切可能保证这份报告的准确性。报告叙述了从国际在我们城市建立起到今天为止所发生的一切。我认为，我因此履行了自己的职责并默默地担负起了对总委员会的义务。将来总委员会认为有必要，在采取预防措施的前提下，可以借用这份报告。因为我们不怕遭到迫害，所以，这样做的目的不是为了我们自身的安全，而是为了避免我们的事业遭到损害。

我看到一部分最近一次代表会议通过的决定。应该坦率告诉您，我坚决反对这些决定，原因是：召开代表会议的程序本身，就在一定程度上违反了共同章程的规定；而且，攫取了属于全体代表大会权力的代表在人数上也不足；最后，我认为决定的内容明显与共同章程所确定的国际协会原则相悖。

真心地讲，我不明白，作为协会正式规定的法定准则，总委员会怎么可以负责发表这些决定？怎么能够向国际的各个联合会宣讲这些决定？的确，我认为它揽的事太多了。待我看完所有决定和了解其他细节后，我会进一步谈论这些决定，向您反映我认为所有适当的意见。

我感到遗憾的是，在我给您的第一封信里就表达了与总委员会不同的意见，但是，由于我们之间理应存在着充分的了解，所以我决定当众向您倾吐心怀，同时我认为，任何人都乐于自由地争论。

由于国际那不勒斯支部难以有召开会议的可能，所以许多该支部的工人希望成立那不勒斯工人联合会，联合会的章程将以过去的原则为基础。如果他们的这个愿望实现了，那我在下一封信里通知您。

敬礼并致以兄弟般的情意！

您的　卡·帕拉迪诺

致公民弗里德里希·恩格斯
寄往伦敦。

首次用原文语言发表在《马克思恩格斯与意大利人的通信往来》（米兰1964年版）一书首次用俄语发表

按手稿照相复制本印制
原文为意大利文

卡·卡菲埃罗致弗·恩格斯

伦　敦

1871年11月17日
于那不勒斯萨尼塔洼地3号

亲爱的恩格斯：

我已经收到您本月4日的来信，但从都灵转寄的那封信还没有收到①；其实我早就告知了我的地址，希望尽快收到。最好我能够向您汇报一下有关与意大利各个工人联合会通信的情况。这项工作现在应该继续进行，直至召开我们的工人联合会代表大会，希望这次代表大会能够为设有联合会委员会的意大利联合会奠定基础。我们在那不勒斯难以担起这项工作，没有时间去投入我们所肩负的各项责任。请您尽力与给您写信的那些小组保持联络，因为它们中的每一个小组都会一步一步地加入我们的国际组织中来。就算我们有时间，我们怎能担起以官方的身份来保证意大利工人联合会和总委员会之间的联系？事实上，我们正在做这件事，并且将来还会根据自己的能力一直去做。但是在这项工作开展不够的地方，需要总委员会运用官方的手段进行干预。合作会这样一点点向前挪动，直至联合会

---

① 恩格斯的这封信没有保留下来。

委员会将这件事完全承担起来。

很快您就会听到有关在罗马、那不勒斯和维罗纳等地成立工人联合会的消息。罗马之旅对我们非常有益。在没有收到我们致我们所代表的支部呼吁书之前，请不要评判罗马工人代表大会的成果；我们马上就给您寄去。从我给您寄去的那些报摘中难以搞清什么，这些内容杂乱无章和高明的遗漏掉马志尼分子感到不满的地方。如果我抽出时间翻译出埃卡留斯发表在《泰晤士报》上的文章，我们的报纸是否可以刊登这篇经他署名的文章？代表会议决议将在最近发表。这次代表会议使这里的人们产生了误会，导致了一些焦躁，我就不再谈了，因为帕拉迪诺在他的信中已经向您汇报了这件事。感觉第9项决议是从我们章程序言的第3点中分离出来的。与其他任何一个资产阶级党派都相对立的政党的思想已经引起了愤怒，大声叫嚣这是背信弃义；据说，钻进国际的资产阶级甚至溜进了代表会议。我感到十分高兴的是，人们是如此上心地关注我们的纲领性文件，关注的目的不仅仅是希望这个文件不要遭到破坏，而且要认真地贯彻。但是，真是希望避免分歧和分裂。请就这一问题对我们进行开导。我认为，现在你们会收到其他一些类似的申诉。另外，在罗马代表大会之后，我同一位马志尼分子就有关政治和经济问题进行了争论，应该承认，惊人地接近马志尼分子观点的第9项决议没有让我感到兴奋，就像您从我寄给您的报道中所体会到的一样。要知道，有了序言第3点的共同章程足够了，在代表大会上我们就是用它来反对马志尼分子的。

诚实地讲，经过斗争返回后，得到了远远地超出我们章程字面词意的代表会议的情况——这真是让人不快。我简直害怕发表这个决议，怕马尔科拉会发表嘲笑我的声明说："公民卡菲埃罗，正是在您认为有必要对我的讲话进行权威性修正的时候，伦敦代表大会认定我是正确的。"从总体上讲，主要的一点是，您在读完我们有关代表大会的通报后，再认真地思考一下这个问题和站到我们这边看……您做得很好，没有坚持报纸上的内容；当形势变得越来越稳定的时候，可以思考一下将这一切理顺的问题。十分不幸，我没有掌握德语，能办到的只是在最必要的问题上做点勉强的说明。因此我想去莱比锡学习。但是在没有成立一个设有健全的联合会委员会的坚强联合会的时候，我是不会离开意大利的。我们已经十分安稳地在罗马落户。现在的事业是蒸蒸日上。马克思的《资本论》法文版或者意大利文版一本卖多少钱？您那儿有吗？

敬礼并致以兄弟般的情谊！

卡洛·卡菲埃罗

首次用原件语言发表是在《马克思恩格斯与意大利人的通信往来》（米兰1964年版）一书首次用俄语发表

按手稿影本印制
原文为意大利文

卡·卡菲埃罗致弗·恩格斯①

伦 敦

1871 年 11 月 27 日
于那不勒斯萨尼塔洼地 3 号

亲爱的朋友：

我已收到您 10 月 23 日从都灵发出的来信②；同时就在前几天我也给您寄去了一封挂号信（寄给白恩士小姐），信中有那不勒斯人支部的报告。希望您已经收到从罗马给您寄去的所有文件，即一些工作报告、"协会公约"、国际成员小组致代表的呼吁书等。信里还有我同图奇一起起草的宣言。我会定期收到《东邮报》并摘出所有与国际相关的内容用于发表。也许在《每日新闻》上（11 月 7 日第 7960 期）发表您就一封有关工人代表大会的来信（来自罗马）所给予的简短答复会好些。这样做当然不是冲淡通讯员在得知罗马工人拒绝参加共和党代表大会时所流露出的喜悦心情。其实，工人们为了表明反对资产阶级君主制领袖的立场，最终还是参加了这次代表大会；现在他们召开会议的目的，就是为了团结在国际的旗帜

---

① 信上有恩格斯的标注："那不勒斯，1871 年 11 月 27 日，卡·卡菲埃罗。1872 年 3 月 8 日复信。"
② 这封信没有保存下来。

下。这样做不是为了告诉他您还不清楚的事实,而是为了否定他的判断,似乎"意大利是世界上又一个这样的国家,类似的学说①能够在这里获得普遍、强大的支持"。

　　这些话既说明无知,又说明怀有恶意。就像您看到的,所有文献都在定期翻译和发表,然而如果事情的进展不是特别快的话,那就说明还没有形成一个人数众多的常设联合会委员会。请您设想一下,不得不同时充当以下角色的状态:新闻记者、宣传员、各届代表大会代表、地方中心的组织人和成立国家联合会的创建人;还要负责同国内外的通信。只有一项工作我还没有机会做过,起码没有一本正经地做过,尽管可能很快就要着手去做这项工作,这就是到那不勒斯大街上去卖报纸。这是由我们的《口令报》造成的,这份报纸遭到了由所有最卑鄙的资产阶级分子、政府集团、贵族和教士们所结成的联盟发动的最残酷的攻击。这份悲惨的报纸马上就要停刊或者脱离我们。将来在任何情况下,只要您给我们发来通讯稿,对《口令报》而言都是极其有益的;哪怕是这份报纸被取缔了,对我们今后创办的报纸也是如此。我非常了解里焦。假如今后您能同他保持定期的通信,同时又努力把我们协会的目标——工人阶级经济上的解放是引导我们获得一切自由的唯一道路——作为信件的重点内容,那您就做对了。我向您谈这些,是因为我看到《平等》周报经常关注对我们而言没有任何意义的政治问题。其实我们也按他的样子给他去信。另外一件

---

①　指国际的学说。

事,就是都灵联合会的问题。在那里,问题是十分清楚的。您通过我寄给您的邮包中的报纸将完全能够判断,最近一段时间都灵联合会的斗争是多么激烈。我寄给您的邮包除原有的东西之外,还一同寄上这封信。联合会在罗马的代表贝盖利是马志尼分子,更准确地说,作为马志尼在罗马的代表,这个缺乏一定情调的人担负起了毁灭都灵联合会、并将联合会带到马志尼阵营的崇高使命。方案做得极其巧妙:贝盖利在都灵刚提出他的建议,马志尼就在《人民报》对三位代表发动了极其猛烈的进攻。这三位代表曾在代表大会上对有关断定马志尼分子们一贯正确的无耻建议给予了驳斥并离开了会场(我没有把《人民报》给您寄去,因为我们在答复的时候还要用到)。当时贝盖利用甜蜜的谎言来迷惑都灵的工人,目的就是把他们引向那条遵守教规的路。特尔察吉立刻给我写信,询问对罗马提出的"协会公约"的看法;他向我通报了这次吵闹不休的会议情况。在这次会议上,贝盖利提出了这个建议。问题已经公开化并将在星期日会议上进行讨论,由于我收到信有些迟,因此就不能再耽搁。鉴于此,我冒险发了一份电报(由于警察的迫害,在我们意大利这样做是不容易的)告诉说:"请您决不能同意。我赞同您信中的意见。写信详述。用电报告知结果。"答复是:"我正在作有关坚决不同意的宣传,在等待结果,希望有满意的结局。"同时我给都灵写了一封长信。在这封信中,我深刻地揭露了整个资产阶级,特别是马志尼分子。他们希望把光荣的都灵工人与国际组织分割开来,以便使这里的工人变为马志尼政策的奴隶。我努力用鲜明的调子来描绘无产阶级的状况,这种状况在马志尼的共和国一点没有变化。同时在《口令报》出现了反对贝盖利的文章。您将会从我寄给您的报纸上看到,国际的胜利是彻底的,就在今天,那不勒斯的工人向都灵联合会发去了贺信。拉普拉恰辞职的做法是对的。他给佩特罗尼的信以及作为一个国际工人联合会的主席所干的那些难于启齿的勾当,使他陷入尴尬的境地。

(11月28日)——这封信我昨天没有来得及写完,但是您要相信,我不会耽搁邮寄报纸,它们会在这封信到达之前寄到您那。

您通过报纸就能完全了解所发生危机的程度和我们即将到来的胜利的规模,因而我就不谈都灵的事情。都灵联合会现在正在成为我们协会在意大利的最可靠队伍之一。让我感到高兴的是,光荣的阿贝洛(Абелло)和特尔察吉分别担任主席和书记。您看到了,甚至印制了法兰西内战宣言①。的确,这有点晚,但终归印制出来了。请您想象一下,我的所有文件都被扣押,就是我们这里也没有一份英文版的原件。当《平等》印制出宣言后,我就把它交给《口令报》转印。假如您能够再寄一份英文版的宣言,那就十分感谢了。

您可能会发现,《口令报》的文章是不等价的,但是如果您能了解一下这份报纸是怎样出版的就好了!就像您非常清楚的一样,企业完全**不属于**我们,我们同他们毫无关系,这样就要尽全力使报纸更加有益。我相信,在您看完那个费拉约利的

---

① 马克思的《法兰西内战》。

信后，会了解很多情况。这封冗长的信是蠢话连篇，杜撰不断，它的发表使我们感到极其惊讶和悲伤。紧接着您还会看到，报纸在最近几天发生了很大的变化并威胁到自身的进一步完善。

昨天晚上我收到了一包邮件，包含：《东邮报》、《平等报》、《谁来了!》、《爱尔兰共和报》、法文版决议①以及一份经过修改和审定的《共同章程》，这份东西我已经同前几期的《东邮报》一道收到过。对您所做的一切表示无限的感谢，在我目前的处境下，这是极大的帮助。我可能有机会去意大利，即使我本人去不了，其他人也会去。同时我根据代表会议的第3项决议，请求颁发任命书②。只有在得到正规的委托书的情况下，我才会被那些对我了解不多或者只知道名字的小组所接受。问题是我打算马上提议成立由意大利现有支部和国际各联合会参加的全国联合会。

我认真地思考了有关农村的问题并希望尽快在某些具体的方面有所成就。过去我们在各地（通常意大利南部）尝试着宣传时，我们的活动对农村居民起到了惊人的作用。有关女工支部的问题，我要对您说，在我们的那不勒斯支部里已经有许多女工，他们参加支部全体会议和上支部学校。将来在那不勒斯工人联合会也是如此。由于受到了迫害，我们的那不勒斯工人联合会很快就要采取公共生活的方式，而不仅仅是一个孤立

---

① 伦敦代表会议的决议。
② 总委员会的任命书。

和封闭的支部。啊，是的！亲爱的朋友，政府的迫害带来很多益处，而对我的逮捕是一份无价的礼物。只要您想一想：冰已经流动起来，在两周多的时间，意大利所有的报纸报道的都是有关国际、教唆者、没有理智的公社社员和背叛了自己父辈信仰的黄毛后生等。奖励了我一个封号：国际狂人（这还是最温柔的称号）。简单地说，不管是坏还是好，国际在意大利的存在已经是一个广泛被公开承认的事实；已经进入了人民的日常生活。要知道在我来到这里的五月份，我的一个朋友劝我要注意隐蔽，因为国际在意大利被认定为匪帮。

现在回到妇女问题。我高兴地通知您，我们成立了妇女倡议委员会，以便负责吸收妇女加入国际的事宜。委员会由男女公民共同组成，他们让我对顺利地完成任务抱有极大的希望。委员会将每周召集会议。想象一下，我要是把我们现在开展的工作全部叙述一遍，恐怕要记好几大本。因此，我舍去一些东西。随着事情的发展，这些舍去的内容您也可以在我们的报纸上了解到。

再次回到代表会议话题的目的就是告诉您，第9项决议①造成了各种各样的困难，原因是这项决议把共同章程完全明确的原则搞乱了。把国际变成政党的思想（哪怕是对立和敌对的）得到的理解不多，而且说实话，就像我在我的另外一封信中强调的那样，这个思想会把我们受制于马志尼分子。请您读一遍我们的报告，然后再把自己放到我们的立场上并答复我

---

① "关于工人阶级的政治行动"。

们。请您关注一下我就**国际上万份纲领**给公民马尔科尔的答复。都灵支部通过宣言告知我们,由于许多支部和小组拒绝接受这项决议,因此总委员会已经暂时将它搁置起来。简而言之,假如这项决议继续有效,肯定会给我们的宣传工作造成极大的困难和导致我不能做现在正从事的工作,或者难以同拒绝它的那些人进行开诚布公的谈话。由于第一个原则我不太喜欢,就接受第二个吧,然而,这个原则是我希望不惜一切代价要否定的,原因是它丝毫不令人满意。恳请您特别关注这一点。假如是您讲的那种情况,拉塞西尔已经提交了共同章程的意大利文译本,我在准备新版共同章程时,就不再考虑意大利文的翻译了。然而,在这本出版物中没有看到巴塞尔代表大会的决议,例如有关财产和其他方面,对此我向您表达我的惊讶。请您给我解释一下,这是什么原因。

仅仅因为时间不足的关系,就写到这。希望对您说的话还很多,这些话我会放到下一封信里说。坚决请求您告知有关马克思著作《资本论》的消息,这样的请求我在另外的信中已经提过。似乎当局对我的信件不是特别注意,因此请您继续来信,然而,特殊的信件一定用火漆封。

私人性质的信件还是可以寄到我这里,我认为这里暂时是安全的。请将印制的文件卷到报纸里,假如文件已经在报纸上发表,就把相应的报纸给我寄来。另外,您有没有收到两份密码?马克思声明说,他任何时候都不使用密码。经他的批准,请您还是使用暗号以及代号和密码,就只用您"个人"的一个姓或者一个名。

此致兄弟般的敬意。

您的　卡·卡菲埃罗

又及：亲爱的，由于信写得仓促，因此您发现行文中有多余或者遗漏字母，就请您原谅和不要在意。

首次用原件语言发表是在《马克思恩格斯与意大利人的通信往来》（米兰1964年版）一书首次用俄语发表	按手稿照相复制本印制 原文为意大利文

弗·莫拉致弗·恩格斯

伦 敦

1871年11月29日于马德里

亲爱的恩格斯和总委员会的其他成员：

我收到了您本月25日的通报，对于这个通报我被迫以个人身份并有些匆忙地回复您，因为联合会委员会没有回复的打算，这样我也不能将我的回复提交给委员会进行审议。我现在的答复很简短，过段时间，我们将给您寄去正式答复。

应该让您马上看到，哪怕比您信中讲得再少点，也足以让我们南方的血液沸腾起来，因为这些话给人的印象是（把个人的意愿）强加于人。您从什么时候起认为自己有权进行这样的推测，即在我们的沉默中隐藏着危害协会的计划？造成我们沉默的原因只有一个，那就是太多的事情使我们没有过多的自由时间；要知道，这很容易搞明白，协会在我们国家处于非正常的地位，这一点就给我们制造太多的麻烦事。

我不清楚您所引用的带有诽谤性的消息，而谈到最后一段，这里既有隐晦的侮辱，又有威胁，而我对此并不在意，原因是我认为这封信是在快乐的时刻写就的，有可能是在描述，笼罩伦敦三天的大雾消散后，太阳出现了。

朋友，请你们更加公正地对待我们。

＊　＊　＊

最近您会收到一些介绍国际在意大利活动的小册子；我们大量发行这些小册子并打算让它们遍布意大利。经过议会的辩论之后，我们协会的发展已经无法阻挡。我们很快就会详细地向您报告。

我们需要比利时、瑞士、德国、意大利、美国和其他设有协会的国家联合会委员会的地址，以便用我们的出版物换取一些他们发行的出版物。请您给我们提供一个法国地址。马上我们就把信给您寄去。

敬礼并社会解放！

您的　弗·莫拉

首次发表　　　　　　　　　　　　按照相复制本印制
　　　　　　　　　　　　　　　　原文为西班牙文

威·李卜克内西致弗·恩格斯（节选）①

伦 敦

1871年12月8日于莱比锡

亲爱的恩格斯：

首先请你接受我的谢意，感谢寄来5英镑。我还没有像现在这样窘迫过，甚至在伦敦的时候，现在只不过还没有挨饿。很幸运，我找到了一份工作，任一家在美国出版的报纸的记者，我希望由此能渐渐地摆脱这种贫穷的生活。（我陷入危机的原因是失去了《工人辩护士报》支付的酬金，这笔钱在芝加哥被烧掉，同时又不能再给德国那些支付酬金的报纸投稿。）因此再次表示感谢。

转入正事！

（1）章程已付印，而且你将看到的是校样（二校）。由于我们将把章程登载在报纸上，因此你们就可以节省发排费……

（6）有关德国没有一人参加代表会议一事，症结在于马克思的秘密想法。我不得已作出推测，你们想举行秘密代表会议，正是因为当局代表人物看到我的所有信件，除此之外，怀疑国际工人协会是秘密组织这一定论（这是德国检察官强加

---

① 信封上的地址：伦敦西北区瑞琴特公园路122号，弗·恩格斯先生。

说法），把我们置于受打击的位置①，这是无中生有的。然而就此我没有告诉过党内的任何一位同志。而倍倍尔和我没有与会是因为涉及对我们的诉讼……

（11）除了在德国我们完全消除了主张脱离政治这一荒谬想法（可能随时出现对立性的错误），在国际其他各地的组织中不同程度地存在着这一想法。不管是个别人还是某些事件，现在进行的这场如火如荼的斗争将集中到这个问题上，而且我请求您无论如何要阐明这一问题，而且要把它当做首要的问题。我们的人对违反章程行为不十分在意，这就需要你们指出巴枯宁及其继承者们的超革命就是消极无为和事实上的已经走到了反动派一边。

（12）在你有条件的情况下，能不能写一篇有关创业狂欺诈行为的文章？或者泛泛地谈也行，因为这种欺诈行为具有国际性质。一定不要忘记有关《宣言》前言的事宜……

你的　　威·李

……我拿不准所印制的《章程》将占多大的版面；假如它所需的版面超出了报纸的版面，我就要向您申请一笔用于在《人民国家报》出版专刊的费用……

首次发表的是摘录，发表在《马克思恩格斯档案》一书［莫斯科1932年版第1卷（第6部分）］

按手稿印制
原文为德文

---

① 手稿中往下的部分被划掉："而且当局希望抓住代表会议为秘密性质这一点。"

保·拉法格致弗·恩格斯

伦　敦

1871年12月23日于马德里

亲爱的恩格斯：

我认为委员会已经到了清除汝拉人和巴枯宁分子的时候了。我刚刚读到一份已经在整个欧洲都传播开来的通告，这份通告您当然清楚，因为它发表在12月14日的《社会革命报》。在等待委员会的答复期间，马德里的《解放报》作为文件登载了这份通告。

这里正在召开新的一届代表大会。而现在请您给我寄一份赛拉叶发表在法国报纸上的30个支部的决议①：从您的方面讲，您没有马上正式通告这一决议是一个大的疏忽。还是请您尽快把它寄来。

我被迫从过去住的房子搬了出来，而且还不知道将来要做什么。

再见！

---

① 见《日内瓦联合会全体会议就伦敦代表大会的决定所作的决议》(1871年12月2日)。

握住您的手。

图尔 I①

请将信寄到联合会的地址。

1871 年 12 月 23 日于马德里

首次用俄语发表是在《近代史和现代史》杂志（1957 年第 1 期）	按手稿印制 原文为法文

---

① 保·拉法格的玩笑式的外号。

威·李卜克内西致弗·恩格斯

伦　敦

[1871年12月23日于莱比锡]
星期六晚

亲爱的恩格斯：

今天出版的《德意志总汇报》（比德曼的下流东西）刊登了信中所附的那份施梯伯式的消息①。是的，我知道，所指的不是另外任何一次代表会议（根据所发表的决议文本判断），而且在这份通告中通篇都能清晰地见到施梯伯的痕迹，但是我还是希望你们用电报将直言不讳的正式辟谣发给我。我就能马上在这期的《人民国家报》上把比德曼这个恶棍淋漓尽致地训斥一顿，这是他早就应得的。幸运的是，这期报纸由于节日假期的原因，要在周四的早上才能出版。请您一定记住这件事！

我已经收到你的来信。

---

① 1871年12月底，《德意志总汇报》刊登了一则报道，叙述了经过伪造的伦敦代表会议的决议。12月30日，《人民国家报》予以了揭露。李卜克内西指出，这个报道是"施梯伯式的"，施梯伯是普鲁士警察局局长，他在1852年科隆共产党人审判案中制造伪证。

今天通过不同的邮政车给你寄去两份《章程》。

向你们全体人员致以真诚的敬礼。

你的　威·李

我感到格外高兴的是,公然装腔作势的布拉德洛露出了自己的本来面目。请您一定给我发电报,同时还要写信。

可不可以宣布《资本论》的二版已经发行?

而第二卷什么时候出版?写信问我这个问题的至少有上百次,口头问我的就不计其数了。

首次发表在《威·李卜克内亚与卡·马克思和弗·恩格斯通信集》(1963年海牙版)一书	首次用俄语发表 按照相复制本印制 原文为德文

保·拉法格致弗·恩格斯（节选）

伦 敦

1871 年 12 月 26 日于马德里

亲爱的恩格斯：

您可能在最新一期的《解放报》上看到了汝拉联合会的宣言，从总体上讲，这篇宣言对总委员会委员和总委员会进行了公开的攻击。我到这里后，已经来不及阻止这个文件的发表，因为这个事情在委员会①的会议上已经定了。很明显，反对发表宣言的意见很强烈，但是由于他们收到了巴塞罗那寄来的 150 份印制的通告，因此认为，隐瞒巴枯宁这位导师的杰作是不可能了。即使他们想对此保持沉默，那些反动报纸也会想方设法发表的。由于洛伦佐从代表会议返回后，将这些肮脏的阴谋活动只告诉了最亲近的朋友，因此，马德里和西班牙支部在资产阶级报纸上了解了冲突的情况后，对洛伦佐隐瞒这一情况感到十分恼火。联合会委员会不想再一次使自己受到类似的责备。我认为，根据当前的形势，最好让这一事件自然发展。要知道，假如在巴枯宁的作品已经全部公开的情况下，巴枯宁认为这时对总委员会还不能产生危害，那他就会改变自己的策

---

① 指马德里联合会委员会。

略，努力找到其他的斗争观点。不要指望这个魔鬼会马上缴械。您知道，他已经放弃了无神论和拒绝取消继承权以及草率地拒绝有关政治问题，但尽管如此，他在实现自己的沽名钓誉的企图过程中，即控制国际和将它变为吹捧他的机器，又表现出十分执着。但这个不幸的人不清楚，他与什么人有关联。……为了消除巴枯宁通告给人留下的不良印象，我想发表30个日内瓦支部的决议①；但遗憾的是，我手里没有这份决议。我发了有关这项决议的简讯。决议将在最新一期的报纸上发表，同时发表的还有强调决议意义和重要性的评论。所有这些证明，马德里联合会委员会对您抱有极大的好感，而且我敢向您保证，在这方面我没有引导，因为我认为，让联合会自觉去做会更好。在没有同联合会委员会协商的情况下，这里不会通过任何有关下一次代表大会的决定。联合会决定将各级代表大会至少推迟到4月底，直至召开地区代表大会。然而到时候，这些先生们会释放他们的热情。巴塞罗那是巴枯宁主义在西班牙的发源地，无论是巴枯宁，还是巴斯特利卡，在那里都有很多朋友，这些人被他们变成了密使。而巴塞罗那本身是反对巴枯宁的，它对巴枯宁的各个方面都进行了谴责。正好收到一些那里的来信，这些信对同盟在争论时所吐出的那种尖锐的语气进行了指责。巴塞罗那仍然还有同盟的成员，他们正逐渐地离开。不久以前，梅萨收到一封巴塞罗那的来信，信中祝

---

① 见《日内瓦联合会全体会议就伦敦代表大会的决定所作的决议》(1871年12月2日)。

贺《解放报》没有转载巴枯宁致马志尼的信，这封信发表在巴塞罗那的《联合会》上。作为一封宗派主义者的来信（而不是国际委员），遭到了极大的鄙视。西班牙人对汝拉联合会的一个主要责难是，它在通告中提到的都是一些个人问题和学说问题，与此同时，完全没有提及组织问题和宣传问题。

首次用俄语发表是在《近代历史和现代历史》杂志（1957年第1期）

按手稿印制
原文为法文

威·李卜克内西致弗·恩格斯（节选）①

伦　敦

1872年1月5日于莱比锡

亲爱的恩格斯：

我当然看见了决议被篡改。我要这份电报，就是把它作为砸向比德曼颅骨的一块鹅卵石。

十分希望看到您对不伦瑞克条约的分析；尽管我能够想象得到，您现在已经忙得要命，但是你可能还不像我一样满负荷地工作。

我不是很理解你就布鲁塞尔代表大会②发表的意见。所谓比利时人倾向超联邦主义和不希望有一个强大的总委员会，这已经是过去的历史。但是要知道，最起码根据我这里的现有材料，他们对巴枯宁没有随声附和，也没有宣布代表会议的决议无效，而我担心的正是这一点。至于他们没有明确地表示对代表会议决议的赞同，我不认为这证明是一种恶意。要知道（据我知道的），没有要求再次对代表大会和代表会议的决定进行专门的表决。在收到你的信之前，我已经撰写了简讯，在

---

① 信封上的地址：伦敦西北区瑞琴特公园路122号，弗·恩格斯先生。
② 见1872年1月2日弗·恩格斯致威·李卜克内西的信。

简讯中介绍了布鲁塞尔代表大会取得的圆满成果,即巴枯宁分子的失败。现在非常渴望你在报纸①上简要地分析一下局势,或者是哪怕对我进行一下指导,以便我本人能够写点什么……这一点甚至是必须的。

你的　威·李卜克内西

首次发表　　　　　　　　　　　　　　　　　按手稿印制
　　　　　　　　　　　　　　　　　　　　　原文为德文

---

① 指《人民国家报》。

保·拉法格致弗·恩格斯（节选）①

伦　敦

1872年1月7日于马德里

亲爱的将军：

在收到这封信之前，您可能已经拿到了登载有罗曼语区联合会答复的那份《解放报》，除此之外，还登载了带有引言的比利时决定，这项内容应该让您感到满意。然而，我应该重申，我没有参与这个引言的工作，引言是在洛伦佐和梅萨的直接倡议下，由洛伦佐起草的。由于地区委员会知道你们的行为方式，所以它完全清楚巴枯宁宣言中的那些诽谤性的指责是怎么回事。但是，马德里地方委员会的情况就不一样了。他们正在角逐权力。地方委员会希望取代地区委员会的位置，因为地区委员会的威望引起它的嫉妒。我说"地方委员会"，是不准确的；应该说"它的委员之一"，也就是莫拉戈。他这个人非常有才，是一个优秀的演说家。莫拉戈曾为地区委员会委员，由于遭到迫害，同莫拉和洛伦佐一道被迫逃亡到葡萄牙。这三个友情深厚的人，在葡萄牙做了许多工作，甚至可以说，正是

---

① 信的开头有恩格斯的标注：马德里，1872年1月7日，拉法格。恩格斯记错了；给拉法格的答复是1872年1月19日。

他们在葡萄牙建立了国际。但是，连接他们的友谊破裂了，而且莫拉戈对莫拉还产生了仇视。瓦伦西亚代表会议是在莫拉戈难以与会的情况下召开的，然而，正是因为这个原因，他拒绝代表会议通过的所有决议，特别是拒绝接受不是委派他，即莫拉戈作为去伦敦的代表，而是委派他人①。这样他就有了谴责代表会议和总委员会的个人理由：是总委员会取消了1870年代表大会并召开秘密代表会议（在您的答复中应该谈这两点）。我认为，尽管莫拉戈有些喜怒无常，但在平静的时候还是同您的判断一样，头脑清晰。巴枯宁是否支持他？这一点不能排除，要知道，莫拉戈是同盟成员。

今天召开了专门讨论汝拉通告的会议。由于会议日程只有这一项，因此，尽管地方委员会的成员在前一天拿到了罗曼语区联合会的答复，他们以上面提到的日程为托词，还是反对公开这个文件。而西班牙人是不折不扣的形式主义者，尽管遭到包括梅萨和拉-吉利尔米纳在内的一些委员的极力反对，甚至指责会议缺乏公正性，通告还是没有发表。然后，有几个报告人发言，他们对总委员会再次进行了指责。梅萨打断了他们的发言，同时建议停止讨论并就比利时的决议进行表决。尽管莫拉戈自始至终是这些反对派的激励者，但他本人也明白，由于攻击了总委员会，所以犯下了愚蠢的错误，于是站了起来并表示支持梅萨的建议。他这样做是改变了自己的初衷，即会议没有任何权力解决汝拉问题，因为这是代表大会应做的事情，大

---

① 洛伦佐。

会只能建议地方委员会向所有支部征询召开特别代表大会的看法。像您看到的一样，巴枯宁主义挑起事端的规模变得越来越小。我现在努力促使老一届的地区委员会的所有委员同重新选出的委员会的委员签署一份抗议书，反对汝拉人对总委员会进行诽谤，他们说总委员会独断专行。比利时决议对我将是有益的……

向恩格斯夫人致敬。握手。

图尔 I

首次用俄语发表是在《近代历史和现代历史》杂志（1957 年第 1 期）	按手稿印制 原文为法文

威·李卜克内西致弗·恩格斯（节选）

伦 敦

1872年1月10日于莱比锡

亲爱的恩格斯：

"土地会议"① 开得很顺利：决定登载在今天出版的《人民国家报》。在非正式的代表会议上，一致决定支持您同巴枯宁分子的斗争并直接委托我将这个决定通知您。紧接着决定，必须马上探索各种方式方法，以便在各地接受个体成员，进而才有可能在例行的代表大会上有适当的德国代表出席。在这种情况下，我们的同志一定要严格遵守法律，原因是您今后收到的大量德国信件，只要施梯伯感兴趣，他有权对这些信件进行检查。

现在提几个问题：

（1）旧的国际会员证是否有效？

（2）您现在有没有用来证明缴纳了会费的会费券？您打算把它们怎样交给我们？……

如果你或者马克思将来向总委员会通报上述有关"土地

---

① 这是李卜克内西对萨克森社会民主党人在1872年1月6—7日在开姆尼茨举行的代表大会上搞秘密活动的称呼。

会议"的情况，就请你们这样讲：这都是个人的意见和个别成员的声明，例如，"土地会议"给萨克森社会民主党代表提供了以个人身份表明对总委员会态度的机会，而且他们的意见是一致的，原因是按照官方的规定，这个问题是不能列入日程的，等等。(我们没有权力将这个问题列入日程之中，如果有相反的做法，会议就不会被允许，另外，只要没有严格遵守会议日程，参加会议的警察就会立刻以解散会议来威胁！要知道，我们这里的规定非常逗人！我还会向您呈报一个正式报告，它也会登载在《人民国家报》上。)

祝你健康。

首次用原件语言发表在《第一国际在德国（1864—1872）。文件和资料》（1964年柏林版）一书

首次用俄文发表
按手稿印制
原文为德文

约·菲·贝克尔致弗·恩格斯（节选）①

伦　敦

1872 年 1 月 20 日于日内瓦

致公民恩格斯

伦　敦

亲爱的老朋友：

首先谢谢你的《农民战争》② 一书，它让我感到十分高兴。

我现附上库诺从米兰寄来的几封信、那里新组建的支部就加入国际发表的声明以及这个支部寄给列斯纳的 10 英镑汇款单。这笔上缴总委员会的钱是他们一年的会费。

今后，应当尽可能地减轻库诺的生活负担，这个人过去怎样受警察的折磨，现在就怎样受大资产阶级的折磨。假如他能够在意大利再住一段时间，就更加妥当了，因为汝拉支部的通告很自然地把那里的人民弄糊涂了，当然，也没有必要感

---

① 信上的印有"国际工人协会德语支部中央委员会"。
② 指恩格斯的《德国农民战争》。

到特别的惊讶。要知道,由于是新来的人,不了解真正的实际情况。我将向我们的库诺作进一步的解释,而你们在伦敦只要有机会就要坚决地对意大利施加影响。今天晚上这里的意大利人支部将举行全体会议,目的是通过致意大利工人呼吁书,郑重地提醒他们去防备各种形式的分裂主义,特别是汝拉联合会的阴谋活动。应该期待这一行动会马上发挥良好的作用。

为了讨论国际工人协会的原则,我们在科隆的这个人数不多的支部于1月7日召开了全体工人会议。经过这帮瑞士家伙引起的热烈辩论,除4人反对外,会议以绝大多数的赞成票通过了下列决定:"今天的会议声明:我们赞同国际工人协会的原则。"

由于一些工人希望在会后加入地方支部,他们向我要100个会员卡。由于我这里的会员卡已经没了,而且将要施行会费券,这样就请你直接让总委员会处理这一问题,将所需的东西按这一地址邮去:雕塑家让·绍尔收,科隆,布劳巴赫,80。

可以完全相信会准时支付。

……10月19日我按照瓦扬给我的地址给他写了信,信中还放入了给弗兰克尔的便函。

12月1日我给瓦扬寄去了有关我们在这里所持立场的报告,特别是对待分裂分子的立场,邮件中放进了给瓦扬和弗兰克尔的便函……

请向所有的朋友转达我的敬礼。

致以衷心的、兄弟般的敬礼!

约·菲·贝克尔

首次发表 　　　　　　　　　　　　　　　按手稿印制
　　　　　　　　　　　　　　　　　　　原文为德文

阿·赫鲁纳致卡·马克思和弗·恩格斯

伦 敦

1872 年 1 月 24 日于莱比锡

致伦敦的马克思和恩格斯先生

尊敬的先生们和党的同志们：

  为了向法院控告比德曼，我现需要带有你们宣誓的声明，它要指出刊登在《德意志总汇报》的伦敦代表会议秘密决议文本上的你们的签名是伪造的。

  由于比德曼坚持认为代表会议的这个文本是真实的，因而他指责我这个《人民国家报》的责任编辑在欺骗人，原因是该报断定这个文本是假的。现在，我以侮辱和诽谤罪对他提起诉讼，就是迫使他要么提交"事实证据"，要么承认自己作假。

  和此事相关的那期《德意志总汇报》大概还在恩格斯那里。

  致以最友好的敬礼！

您最忠诚的　阿·赫鲁纳

首次发表

按手稿印制

原文为德文